摆脱童年内耗

一份来自一线心理教师
对儿童、青少年的
情绪观察报告

费里芳/著

中国妇女出版社

图书在版编目（CIP）数据

摆脱童年内耗 / 费里芳著. -- 北京 ：中国妇女出版社，2024. 12. -- ISBN 978-7-5127-2425-9

Ⅰ. G444；G782

中国国家版本馆CIP数据核字第2024Q5G103号

责任编辑：肖玲玲
封面设计：尚世视觉
责任印制：李志国

出版发行：中国妇女出版社
地　　址：北京市东城区史家胡同甲24号　　邮政编码：100010
电　　话：（010）65133160（发行部）　　65133161（邮购）
网　　址：www.womenbooks.cn
邮　　箱：zgfncbs@womenbooks.cn
法律顾问：北京市道可特律师事务所
经　　销：各地新华书店
印　　刷：北京通州皇家印刷厂

开　　本：165mm×235mm　1/16
印　　张：13
字　　数：200千字
版　　次：2024年12月第1版　　2024年12月第1次印刷
定　　价：49.80元

如有印装错误，请与发行部联系

彼此映照　相互滋养

这无疑是一个特殊时刻：从那天起，一个新生命到来了。他（她）和我们之间，最重要的是关系联结。尽管一段时间里，孩子尚不能与我们对话，我们仍深信——未来，我们的爱和愿望将如画卷一般，在孩子面前徐徐展开。

孩子们在生长，更在成长。他们有智慧，对自己的需要和关系问题的觉察颇为灵敏，虽然认知时而发生偏差。成人怀念或赞美孩童的单纯。事实上，儿童、青少年的情绪和情感同样复杂。无论如何，感受的真实最可贵；而真实的感受需要我们关注。

儿童、青少年对家庭关系的感受和期待是本书的主题。孩子的敏锐和父母的迟钝时常交织在一起，跟上他们的步伐与其感同身受并非易事。不知不觉中，我们传递了一些焦虑，引发了孩子的心理内耗，反过来又加深了我们自己的焦虑。儿童、青少年的心理需求需要成年人为其代言：摆脱内耗是孩子们内心的渴望，而帮助孩子摆脱心理内耗、收获幸福童年是父母的使命。

关注对方感受，觉察未获满足的需要，亲子之间彼此映照，相互滋养——这可能就是我们最初对新生命和这段关系旅程的期许。然而，爱有时会偏航，孩子们承受着过多压力。本书将呈现在多种关系困境中孩子们的感受和期待，并讨论关系修复的办法。父母亦鲜少有机会见证孩子的校园生活——比如孩子与课堂，与老师和同伴的关系，以及与学习和集体生活的关系——有时难以看清自己对孩子的影响在校园的延伸。我也会探讨孩子的这部分体验与主题的关联。

本书中的孩子，来自社区、社会、校园、媒介和我的生活中。他们教会我很多，尤其是面对挑战时需要的支持和帮助。孩子们传递给我的，我希望通过本书传递给更多人。书中篇名皆以孩子的感受命名，以孩子视角和第一人称书写，希望更多人了解并理解他们的处境，为其成长提供及时、温暖的支持。本书中未成年人的名字皆为化名。对心理辅导中的案例微片段，我修改了细节，或对多个孩子的情况合并呈现。

被满足的孩子，用语言就能表达需要，悲喜爱憎是在赞美生命，与人联结是延伸信任，尽情玩耍是享受自然馈赠，刻苦学习是自我在觉醒，带着你给的欣赏，轻装上阵和走出家门。

被满足的孩子，呈现的是生命最好的可能。

费里芳

2024年3月15日于北京

目录 — Contents

第一章

孩子需要的理解

“爸爸妈妈不懂我”

——增强家庭滋养功能，陪伴青春期孩子应对压力

在人类社会里，没有自我认同感就没有活着的感觉。了解了这点，我们就能更好地理解青少年，尤其是那些不那么“好”的少男少女的困扰，而他们也在拼命地找寻着满意的归属感。

——爱利克·埃里克森《身份认同与人格发展》

美国心理学家斯坦利·霍尔被誉为“青春期心理学之父”，其代表作《青春期：心理学及其与生理学、人类学、社会学、性、犯罪、宗教和教育的关系》出版已有120年。当前阶段的孩子，其青春期身心特点和19世纪末孩子没有本质不同（发展时间节点有所变化），社会和家庭变化却很大。目前不是家庭发挥对于孩子的滋养功能的最好时期，在很多国家都是同样的情况。父母把诸多社会压力带入未成年子女的生活中，情绪养育相对不足。

埃里克森的心理社会理论认为，青少年面临的主要心理冲突是身份冲突，即“身份认同对认同紊乱”。此外，青少年还面临着独立与

依赖、自主与控制等冲突。由于家庭本身千差万别，孩子们面临的挑战既有共同点也有不同点。

青春期孩子的压力与身心特点

相比10岁以前，青春期的孩子更容易受压力影响。除了代际冲突，青春期将要面临的还有学业压力、自我期待过高的压力、同伴相处的压力、自我同一性发展的压力等。在多数家庭，这些压力有的会直接向下传导，令他们还在上小学的弟弟妹妹也深感压力。我的一些来访者是小学生，有时候为解决他们的问题，我还需要关注他们已上中学的哥哥姐姐。

《自驱型成长》一书作者——美国临床神经心理学家威廉·斯蒂克斯鲁德和教育家奈德·约翰逊认为："对于长期处于压力状态的孩子来说，他们的大脑里充斥着激素，这些激素会弱化大脑的高级功能，也会遏制孩子的情绪反应。在压力的影响下，负责记忆、推理、注意、判断和情绪控制的脑区会遭到抑制并承受永久性损伤，随着时间的推移，这些脑区会逐渐缩小，而大脑中负责侦测威胁的部分则会越变越大。最终，过载的压力系统会大幅提升孩子患焦虑症、抑郁症和其他种种身心疾病的风险。"美国心理学家沃特·坎农研究发现，个体面临挑战时，会对挑战情境进行评估，如果认为自己能赢，就会选择"战斗"；如果认为自己会输，就会选择"逃跑"，即战斗或逃跑反应。

在了解孩子对压力的感受前，我们先来看看青春期孩子的身心特点。青春期的孩子有很多变化，比如情绪容易波动，关注自身形象，在意异性看法，挑战权威，寻找心理刺激，等等。自我中心是处于青春期的孩子的主要特征之一，“所有人都在看我”“我最特别”“我是主角”，想象观众不时出现；在意他人评价，受欢迎和被拒绝成为日常焦点之一；负责理性思考的大脑区域尚在发育中，情绪控制功能更晚成熟，后者容易引发冲动行为。这些方面成为青少年内心冲突的重要来源。

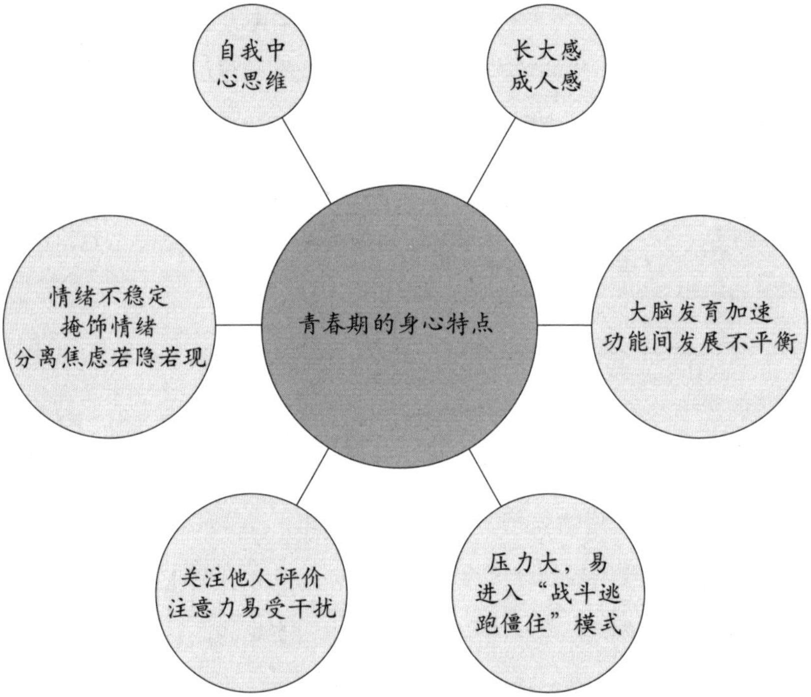

青春期孩子的身心特点

美国著名发展心理学家黛安娜·帕帕拉等三人合著的《发展心理学——从生命早期到青春期》一书中列举了相关研究结论：“青少年早期冲突的频繁发生可能与青少年期的压力和青少年的自主需要有关。到青少年中后期，争吵更加激烈但发生频率降低，这可能反映出随着青少年开始尝试独立而产生了一些紧张情绪。青少年晚期，家庭冲突的减少可能标志着青少年对青少年期重大变化的适应以及在父母和孩子之间对权利的平衡重新达成共识”，以及“那些在青少年早期和父母关系最为亲密的青少年会在整个青少年期都保持这种亲密关系”。

亲子关系面临的挑战

亲子关系对孩子的情绪调节和行为适应有重要影响。从10岁开始，父子、母女关系通常会变得更亲密，如果没有出现这个变化，家长应更加关注孩子的情绪。其他一些关系模式也会带来亲子冲突，比如高期待、高控制等。

亲子关系的挣扎是双向的。家长控制较多、自主需求未被满足的孩子在此阶段一定有挣扎，可能会压抑情绪或表现出攻击倾向。比如有的孩子不满意家长用监控监督自己学习，可能会在亲子冲突中把监控砸坏。控制型家长在孩子的青春期也会陷入挣扎。处于挣扎状态的父母要抓住调整和孩子关系的机会——看到孩子背后的需求，随机应变做些调整，亲子关系就会重燃希望。“机会”弥足珍贵，如果错失，将来弥补亲子关系的希望就可能比较渺茫。

孩子的挣扎是把对自主权的争夺公开化了。青春期的孩子有一种成人感，容易与父母产生自主权的争夺。在权威型家庭中，孩子的叛逆多数时候并不明显。但在专制型家庭中，有力量的孩子，这种叛逆将非常明显（另一些孩子暂时没有足够反抗能力，问题可能继续潜藏），并将扰动父母神经。父母如果将孩子的挣扎简单解释为青春期叛逆，就容易错失机会。事实上，这是一个积极信号，显示出孩子的一种成长，他们要争夺自主权。比如有的孩子会质问父母：“要求一切都听你的，难道你说的总是对的吗？”本阶段父母如果能让渡本该属于孩子的自主权，则不仅能支持孩子自我同一性的发展，而且能重新调整亲子关系的格局。

孩子叛逆的根源是不被父母接纳和尊重，无法表达真实的自己。他们被父母的高期望和否定或保护、溺爱压得喘不过气来，说“爸爸妈妈不懂我”。有的孩子会通过问题行为为自己呐喊助威。父母企图控制孩子，这种想法和行为最终结果将是失控，很多惨烈的事实就是证明。“惨烈”更多是关系代价，也可能是孩子在依赖和独立的冲突中败下阵来，或是遭受精神上的打击——一些年轻人通过欺负甚至施暴他人去宣泄痛楚和羞辱感，或者孩子虽继续满足家长的控制欲，却不得不通过症状表达需求；遭受否定式教育的孩子可能会陷入严重的自我否定。不管哪种情况，都会把家庭拖入深渊。

青春期的自主需求与期待

亲子关系方面的压力主要来源于父母未满足孩子新阶段的发展需求，得到满足的孩子不需要和父母抗争。孩子需要自主感和掌控感，青少年更是如此。他们有更加明确的诉求，希望能自主选择、决定一些事情和安排。

我们来听听孩子想拥有自主权和自我空间的心声。

“妈妈不理解我。我稍微在镜子前面多停留一会儿，妈妈就会担心这样会占用精力影响学习，担心我会早恋。”

“我的事情妈妈说了算，除了吃，吃的方面我可以提想法。不过就算是吃的方面，我挑食，妈妈说会营养不良，妈妈自己挑食就没问题，这一点儿都不公平。其他方面妈妈不允许我有个人见解，否则她就会生气，说我顶嘴，或者威胁我，比如取消一个我期待的安排。”

“爸爸不允许我和好朋友继续交往，可我只有这一个朋友。”

“爸爸有时不守约定，比如约好不能看我的某张试卷却看了，我就会很生气。妈妈也不守约定，不敲门就进我房间。我告诉过她，希望敲门后再进来。她说我们是亲人，亲人之间没有隐私。后来我也不敲门就进她的房间，她很不高兴。我们俩的关系一点儿也不平等。”

“我最喜欢的事情是画画，画画的时候感觉心情很平静，非常专注。但妈妈认为画画没用，对以后的发展没有帮助。她让我学习乐器和舞蹈，我感到很无奈。”

我们来列举一下青春期孩子的自主需求。

- 交往方面：交友选择，外出活动，请朋友来家做客的安排等；
- 家庭宠物：宠物选择，独立照顾宠物；
- 日常购物：吃穿使用物品选择，比如衣服、自行车等；
- 自身形象：穿搭、发型、打耳洞等；
- 学习、运动和休息娱乐安排，压岁钱和零花钱的管理；
- 业余爱好、学校和专业的选择。

我们来总结一下青春期的孩子希望获得父母怎样的对待，或者说父母应该满足孩子怎样的期待。

- 理解和关心自己，而非只关心成绩，看到自己的努力和压力，提供必要的支持；
- 重视和尊重自己的决定，不代替自己做重要决定；
- 认可自己，不质疑自己的能力，不嘲讽和嫌弃自己；
- 承认自己是独立个体，遇事一起商量，不要求事事听话，不使用威胁话语；

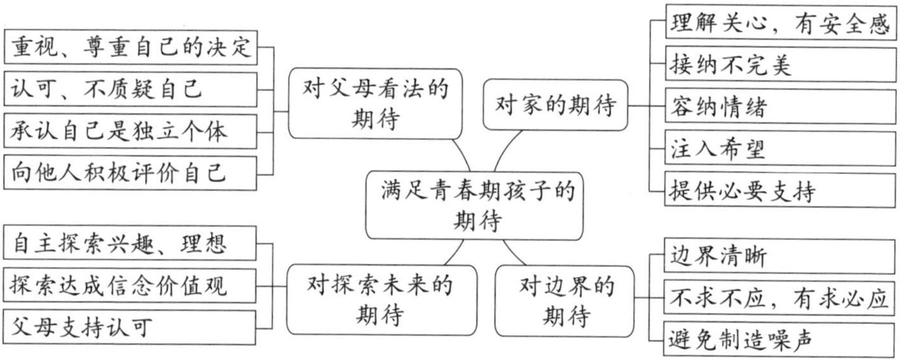

青春期孩子的期待

- 保持距离、边界清晰，允许后再进入自己的房间，不查看日记、试卷、书包，为自己的一些事情保密等；
- 避免制造噪声：父母应尽力避免制造噪声。

……

家人如果不支持孩子新阶段的发展需要，孩子就会认为父母不理解自己，容易把自己封闭起来。

青春期的独立成长压力

精神分析师玛格丽特·马勒提出分离个体化阶段，也被称为第一次分离个体化阶段，是指婴儿从母亲那里分离。精神分析学家彼得·布洛斯认为青春期是第二次分离个体化阶段，即个体从家庭分离。分离个体化是青春期发展的目标。

青春期，亲子关系将分化，孩子将逐渐走向独立。一方面，孩子仍希望与父母保持紧密联系；另一方面，他们又担心被控制而失去自主性。这是青春期的独立与依赖、自主与控制的矛盾冲突。也就是说，他们既追求独立自主，又担心与父母分离；遇到挫折，仍期待得到父母的帮助。

我们发现，青春期的孩子秘密多了起来，并且他们想保留自己的秘密。加拿大教育学家马克斯·范梅南在《教育的情调》一书中有这样一段话：

> 我们需要认识到，孩子开始有了秘密，就开始成长，走向独立。有秘密意味着有了独立的意识。能保守秘密其实是独立和成熟的标志之一。能保守秘密，而且又能够与自己最亲的人分享秘密，这更是成长和成熟的一个表现。

从小学中年级开始，孩子们就明显有了自己的秘密。有了秘密很多时候也意味着有了新的成长。青春期的孩子秘密更多。一些五六年级的女孩会相互模仿购买加密日记本，中学生会把日记本放在更加隐蔽的地方。有的秘密对父母双方或一方父母保密而对好朋友开放，有的则对所有人保密。父母如果对亲子关系处理不当，孩子对父母保留的秘密就会比较多。孩子如果认为父母试图主宰他们的心理体验，就会产生更多的情绪问题，把秘密隐藏得更深。有时这会给家庭带来挑战，因为有些秘密会给孩子带来身心伤害。父母如果往后退一些，让亲子边界更加符合孩子的期待，孩子的秘密反而会变少。

对于孩子来说，青春期是一段加速中转的旅程；对于父母而言，这是一段适应分离的旅程。父母此时若仍为孩子寻求独立增加障碍，随意侵入孩子的日常生活，为亲子分离制造压力，就是从精神上打击甚至毁灭孩子。那些休学在家或出门求学无法适应的孩子，他们正受困于此，在依赖和独立的冲突中败下阵来。精神分析师曾奇峰说：“人格健康的父母应该能够承受孩子的远走高飞，能够承受孩子像一条自由的鱼一样，自己去大海的更远处和更深处生活。虽然父母能感觉到孩子对自己的‘抛弃’，但他们同时也可以忍受这种被抛弃感。”

这是一个令父母感到迷惑和期待的阶段。我们的孩子将经由探索建立起相对稳固的自我，他们将能自己做选择、做决定并承担责任。这些既是独立的成就，也是独立过程中将要面临的压力和挑战。有时候，孩子似乎完全不需要我们了；可再过一段时间，他们还会回头确认能否继续得到我们的爱和认可。这样兜兜转转好几年，直到完全独立。

青春期的身份认同压力

青春期的发展任务十分繁重，比如性别认同、角色试验、职业认同、信念价值观的建立等。如果父母的卷入能从支持孩子推进发展任务着手，这也将为调整亲子关系提供宝贵机会。父母的矛盾和犹豫不决则可能导致孩子出现自我认同障碍。

对于有些孩子来说，性别认同是一件有挑战的事，比如重男轻女家庭中的女孩和这些女孩后来所生的儿子甚至孙子、外孙，这些孩子容易出现性别价值感低的情况。此外，良好的父母关系能帮助女孩获得性心理认同。

青春期的孩子将围绕兴趣和职业选择、信念和价值观选择做很多探索。探索就可能面临危机，很难一蹴而就；做出承诺意味着探索的完成，之后当然还有新的探索。加拿大心理学家詹姆斯·玛西亚发展了埃里克森的理论，后者认为危机和承诺是形成同一性的两个关键因素。玛西亚把危机定义为有意识地做出决定的阶段；承诺则是指在某一职业或信念系统（意识形态）中的个人投入。他把一个人的自我认同状态分为四种：认同达成（由危机通往承诺）、认同延缓（高危机低承诺）、认同早闭（低危机高承诺）和认同混乱（低危机低承诺）。少年“立志”令人憧憬，这是理想情况。多数人将在选择专业甚至工作后继续探索和达成认同。欧美的间隔年和国内大中学生的社会实践安排有助于探索的推进。

有的家长可能会认为中学生探索兴趣和职业理想会耽误学业，或者不认同孩子探索的兴趣和理想。这两种情况下，亲子冲突在所难免。我们不妨展望一下 20 年后，那时我们会有不同的人生体验。亲子一场，好的关系是最好的礼物；作为父母，支持孩子追求梦想是我们的主要责任。

有个朋友来找我探讨要不要把孩子送到国外读中学，我的观点是，青春期的孩子如果出国求学，会大大加剧青春期的混乱感，面临更多身份认同上的挑战，如国家认同、民族认同、文化认同等。孩子在国内生活学习，这方面挑战就比较小，有的挑战甚至不存在。有的学者将移民过程视为第三次分离个体化过程，认为移民对于个体认同有长期影响。

中学尤其是初中阶段，留学适合以举家搬迁的方式进行。在加拿大生活期间，我发现小留学生寄宿代理监护方式对孩子有很大伤害。除了安全状况，还要综合考虑孩子的意愿、能力和安全感等情况，这几点缺一不可。如果孩子没有形成安全依恋，就不要在中学阶段送孩子去独自留学。父母还要做好孩子以后不会回国以及将来亲子之间观念差异大的心理准备，这是因为孩子的身份认同方向可能会在根本上发生转变，当然这一点也和家庭影响等有关系。孩子在青少年阶段出国通常比在其他阶段出国的回流意愿更低，变化更显著。

综上所述，我们将青春期面临的主要压力总结如下。

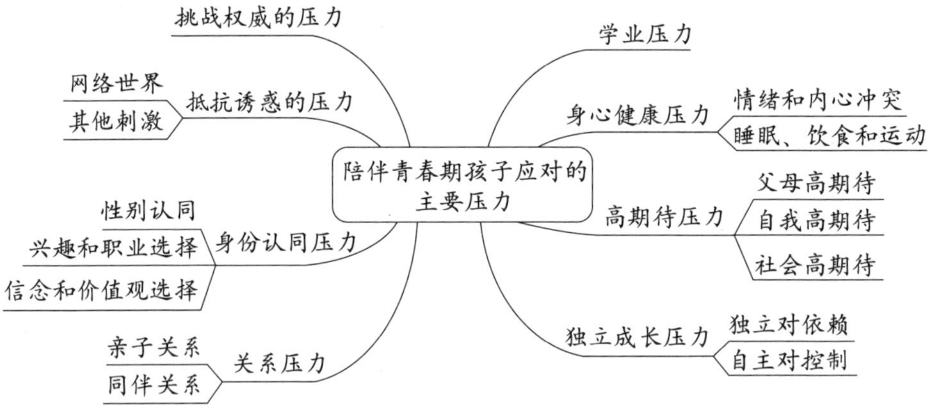

陪伴青春期孩子应对的主要压力

给父母的建议

用 16 个字来概括建议如下：不求不应，有求必应；边界清晰；避免“噪声”。

1. 不求不应，有求必应

具体做法是尊重孩子的自主需求，保持陪伴与沟通，争取孩子的信任。

孩子进入青春期后，父母可能会减少对孩子的陪伴，以为孩子不需要我们了。其实不是这样，孩子比看上去更需要我们。如果前期沟通顺畅，那么本阶段亲子关系和沟通一般仍会延续较好状态。如果需要在本阶段做些调整，父母可以多听孩子谈自己的想法和感受，避免做消极评论，提供必要支持，消除孩子的不信任。争取到孩子的信任，孩子就能对我们敞开心扉。

有些家庭，父母和孩子见面问的第一句话就是："作业写完了吗？"甚至在家里也会重复类似提问。对于青春期的孩子来说，学业是自己的事情，不希望父母经常过问。可以经常问孩子想法和感受，包括身体感受，比如休息够不够，感觉累不累，这些都是对孩子的关心。一旦孩子需要讨论学习或其他话题，父母应积极回应。

2. 边界清晰

边界清晰，即和孩子一起重新划分、明确亲子边界。具体可参考本文"青春期的自主需求与期待"中列举的内容。

对于家庭共同事务，可以定期组织全体家庭成员参加的家庭会议，采取相互平等和尊重、相互负责的方式讨论和通过计划事项。

3. 避免"噪声"

避免"噪声"就是要避免对孩子的专注力和情绪形成干扰，比如不打骂孩子，不过高要求孩子。具体做法是"自我三问"，即在给孩子回应之前，父母首先问自己：

这样做是否有益于发展好的亲子关系？

这样做是否能满足孩子对家的期待？

这样做是否能陪伴孩子减轻压力？

如果孩子暂时面临较大的学业或情绪冲动的压力，父母可以邀请孩子一起做做冥想和放松练习。

“18 岁，我才有了爷爷”

——化解“不爱等式”，调节沟通温度

创造使每个人的需要都能得到满足的必不可少的优质联系，这种沟通与以强迫形式解决与孩子之间分歧的沟通非常不同。这要求不用道德语言评估孩子，比如对错、好坏，而改用基于需要的语言。我们必须能够告诉孩子，不管他们做的和我们的需要是一致还是冲突，我们都必须以这种不会使孩子感到内疚或羞耻的方式来表达。

——马歇尔·卢登堡《非暴力沟通实践篇》

孩子的感受

有一个问题，面向父母和孩子去提问时可能会得到不同回答。

对父母，这个问题是：“你爱你的孩子吗？”

对孩子，这个问题是：“爸爸妈妈爱你吗？”

这其实是同一个问题，回答的人不同，答案可能会不同。亲子双方的感受可能一致，也可能不一致。有一次，有个学生看到这个问题反应很大，不自觉说出声来，说父母根本不爱自己。另一个学生听到后当即给出相同回应。父母面对第一个问题，他们通常会干脆地说自己爱孩子，或者坦承绝大部分时候都爱孩子，并且不能理解为什么孩子会对这么简单的问题困惑。爱是主观感受，其实每个孩子都清楚答案。

有时，父母的消极感受显而易见；有时，父母会隐晦而克制地表达情绪。比如看到孩子的错题和不满意的成绩时，父母可能会生气，也可能会不和孩子商量就报两个课外班。孩子如果有考试焦虑，一般来说，首要来源是父母或其他养护人的苛责。渐渐地，孩子会将父母的挑剔内化——直到有一天，已经完成学业，或者父母已转变态度，孩子遇到自我评价、挑战或走近他人时，仍会像一只热锅上的蚂蚁。

父母的消极感受容易表达得有局限。比如表达苛责时模糊不清，没有明确爱与苛责泾渭分明，其实即使后者发生，爱也依然在。这种情况下，孩子可能会将二者混为一体。年龄越小，孩子越无法承受父母不喜欢自己或想要抛弃自己的态度，对这些信号也越敏感，而我们通常无法及时知晓孩子的这些内心活动。这样一来，很可能会造成孩子的自我发展不协调，为日后的情绪问题埋下伏笔。我们不妨以成人的视角来理解一下孩子，比如上司否定我们的工作时，我们很可能会认为上司不喜欢我们。对于孩子来说，辩证看问题的困难更大。面对影响生存的关系，人们容易警觉而变得消极。

有类似困惑的孩子可能比我们想象的要多，能表达出来的孩子只是其中一小部分。对于一些孩子来说，他们对父母之爱的困惑可能只是一种待确认的疑惑；而对另一些孩子来说，他们则已经有了明确答案和不良感受。

小 E 的心事

小 E 说自己只有生病的时候才能感受到妈妈的爱，平时感受不到，因为平时妈妈对他总是不满意。比如一次语文作业拿不到优秀，妈妈就让小 E 少吃一顿饭；对于小 E 的数学错题，妈妈说自己不用脑子都能做对。妈妈还经常夸奖邻居姐姐，小 E 觉得妈妈更喜欢邻居姐姐而不是自己。

父母对孩子学业表现的态度是孩子能否感受到爱的一个风向标。对于孩子来说，爱首先意味着接纳。有的孩子境况很差，因为学业表现欠佳或不稳定，有的学业成绩虽然优异但未达到父母期待。如果不被家人接纳，孩子甚至会担心自己在家庭中的位置。

小 F 的心事

妈妈对小 F 的态度取决于成绩。成绩低于 90 分，妈妈惩罚小 F 周末不能看电视（周末看电视能让小 F 感觉轻松一些）；成绩在 75 ～ 80 分，小 F 不能使用手机；成绩在 70 ～ 75 分，小 F 会被罚站。

小 G 的心事

小 G 的爷爷对小 G 期待很高，说考试不能丢他的面子。有一次，小 G 考了 80 多分，爷爷指责小 G 这么点成绩还有脸说。哥哥告诉小 G，18 岁他才有了爷爷——爷爷在哥哥考上满意的大学后，才开始对哥哥好一些。小 G 现在终于理解了哥哥的话，认为自己现在还没有爷爷。4 年后如果考不上好大学，小 G 认为自己将无法得到爷爷的爱。

我们来比较一下两种亲子沟通方式的差别。

亲子沟通方式的差异

没有温度的亲子沟通	有温度的亲子沟通
□否认孩子的价值	□肯定孩子的价值
□忽视孩子的感受	□尊重感受，满足需要
□孩子感到疑惑和愤怒	□孩子感到安全且有价值

亲子沟通取决于温度而非力度。力度是我们沟通的频次、声调以及翻旧账、下任务等，以明辨是非、划分责任为指向。亲子沟通中出现问题的原因很多，常见的有不尊重、不平等、不客观和不信任。有温度的亲子沟通就是要打破这些“不”，以疏通情绪、满足需求和帮助孩子解决问题为指向，对孩子说话还要放慢速度、声音柔和。

当我写到这里，4 岁的儿子又来问我在想什么，我对他说我在想怎么才算好好说话。他告诉我好好说话就是在说话前先说“亲爱的妈妈”。他的话提醒了我，“有温度”就是增加一点“甜”。

化解“不爱等式”，转化为被爱体验

有些孩子出现情绪问题，主要原因是弱小的他们长期承受着父母或其他人的焦虑和攻击，比如父母对作业或成绩不满意。相对而言，孩子们不良情绪出口不足，即使写了日记，还要再三担心；找到出口的孩子，方式往往又容易发生偏差，比如破坏纪律或同伴关系。如果迟迟找不到出口，孩子就容易向内攻击或对外界的行为继续走偏，有可能会把自己作为伤害对象——这可能是一种意念，也可能发展成具体行动。感受不到父母之爱的孩子比较容易自我伤害。

我建议，每月安排一天“吐槽日”，适用于平时没有机会表达情绪和反驳的孩子。在这一天，孩子可以尽情抱怨和倾诉各种不舒服的感受，而不必受到指摘。这个想法在有些家庭不一定容易施行，如果父母能耐受住孩子的抱怨则可以尝试，同伴之间会容易一些；如果孩子抱怨的不是父母，那么父母也能从孩子的抱怨中发现孩子的处境，及时帮助孩子。

有的孩子情绪不太好，由于求助意愿强，情绪能得到较及时的调整。如果孩子对父母也能尽情吐槽，虽然可能会有所收敛，但对情绪的调节仍有帮助。另一些情绪不好的孩子，求助意识较为微弱，鼓励这些孩子表达抱怨更加重要。

儿童和成人的不良亲子关系咨询有很大的一点不同：成人已独立生活，有能量、有空间做心理消化；儿童却要在接受辅导后再次进入他们的生活常态，需要教师持续关注。坦率地说，学校做到这一点有困难：一位心理教师面对的是成百上千个孩子，大多数中小学心理教师的主要工作是教学，通过教学工作惠及全体学生的心理健康，留给个体辅导的时间有限；每位班主任要面对几十个孩子，工作以教学和班级管理为重心，也难以做到了解每个孩子的心理状况，建议家长主动和班主任沟通孩子成长中需要的帮助。

以我为例，我一个学期约见同一个学生的家长次数最多是3次，其他需要约见的家长一学期见面沟通一次。因为做学生辅导和家长访谈有些看不见的工作，比如访谈准备、辅导记录、个案反思、研究和讨论等。在团体督导中，就有同行表达过自责，觉得应该再多做一些。督导老师会告诉我们要先照顾好自己，工作量超载会直接影响工作状态。心理教师一般都很重视一次辅导的效果，希望能为更多孩子提供帮助。

有些情况下，心理辅导的意义是给孩子一种不同于父母的回应，积极倾听，接纳共情；还有一个重要意义就是在这个基础之上，当孩子发现成人对他们还有更加友好的回应方式后，可能会对父母的方式认同发生松动，继而调整自己在同伴互动中的感受和行为。孩子太弱小了，有些回应方式虽然感觉不舒服，但时间长了也只有接受。接受以后，如果将来他们没有合适的机会调整自己，就会陷入代际传递。

除了向父母和老师倾诉，孩子们感受不到爱的体验还有其他出口。父母如果引导孩子尝试，孩子有可能化解一部分不被爱的体验。比如有个女孩曾询问我对着毛绒玩具诉说心事是不是很可笑，我肯定了她的做法，鼓励她继续这样做。我告诉她我女儿做了一个学生情绪调节助手的发明，载体就是一个搭载了软件程序的毛绒玩具。我很盼望社会机构为孩子们设计制造情绪调节工具，目前人工智能在服务学生心理健康方面已有进展，预期未来大有可为。

父母怎样才能保持适宜的爱的温度，怎样才能让孩子把不被爱的感受转化为被爱的感受？我们来结合以下5个日常场景继续探讨。

场景1：对父母评价的感受

“妈妈在别人面前对我特别温柔关爱，但这不是真的。只要人家一走，或者聊天挂了电话，她就开始各种批评。有时她骂我骂得正生气，如果别人这时打来电话，妈妈立马会和颜悦色地说话。一挂电话，她就变回原样。她对别人比对我好。”

“有时妈妈和同事聊天，我会在一旁偷听。她会说很多对我的担忧，尤其是对我学习的担忧。妈妈不相信我，我对自己也没有信心了。”

“爸爸每次说我不好、不可爱的话，我都会记在心里，很伤心。”

“不爱等式”：父母贬低和失望≈不爱自己

转化方案：“实事求是＋注入希望”

不管是在别人面前评价一旁的孩子，还是面对面评价孩子，都是亲子沟通的重要时刻。父母可以先想想如果自己是孩子，希望听到些什么。对于孩子来说，贬低和失望就等于不爱。这种情况下建议采取“实事求是＋注入希望”的模式。

“实事求是”就是符合孩子的实际情况。比如孩子最近数学成绩下降了，我们可以不告诉别人，如果说就直说，而且要具体。我们说夸孩子要具体，但夸孩子具体有时比不上批评孩子、指出问题具体重要。指出问题也是一个导向，而且会关系到孩子乐观和悲观解释风格的形成。比如我们可以说“这次数学考试的应用题阅读有偏差”，这样孩子在归因时也能学会具体对待，而不会泛化到对整个数学学习失去信心。

“注入希望”是孩子对父母的温度的期待。比如我们可以接着说：孩子对这个成绩也感到担心，不过他已经有了一个复习计划，相信他会通过努力提高学习水平。

场景 2：对父母关注点的感受

“当妈妈觉得钱比我重要的时候，我很伤心，觉得妈妈一点都不爱我。我尝试过一次假装离家出走，躲在楼道里，想听听妈妈是不是很着急出来找我。结果什么动静也没有。这证实了我的猜测——妈妈不关心我，我可能是被捡来的。”

“爸爸说如果明年我能考个好成绩，会换个大点的房子，给我一个单独的房间。如果考得不好，这个计划就会落空。爸爸对我的许诺是有条件的，我压力很大。我当然想有自己的房间。”

“最近学习、升学压力大，爸爸妈妈只讲大道理，我需要的是安慰和鼓励。很多时候妈妈生气，我都不知道自己错在哪里。”

“爸爸一点都不理解我。我小时候生过一次病，爸爸认为我是装出来的，每次看到我生病就会生气。最近我被查出有其他问题，爸爸还是不能理解，认为我能控制自己不生病。”

“不爱等式”：父母不接纳、不关心自己≈不爱自己

转化方案：“物理隔离＋注入理解”

父母的关注点有“偏差”，不是孩子需要的回应。心理专家曾奇峰说判断人与人之间关系好坏的办法，就是看他们关系的本质——谁向谁投射焦虑，或者谁为谁承担焦虑。目前环境下，很多父母向孩子投射的焦虑已超过孩子的承载能力，这使得一些孩子缺乏爱的体验和能力。那些能为孩子承担焦虑的父母如同孩子生活中的“定海神针”——平时孩子能安心做自己的事；一旦遇到问题，又能及时得到父母的帮助和支持。

每个孩子都想学习好、身体好，不让父母操心。愿望之外的事情、困难发生了，孩子需要的回应是关心、鼓励和帮助。对于孩子来说，父母不接纳、不关心自己等于不爱自己。这种情况建议采取“物理隔离＋注入理解”的方式。

“物理隔离”就是将其他关注点（比如孩子的成绩）和孩子本身隔离开，关注点最后应回归到对孩子本身的关注，以免发生上面的误会。把成绩和孩子本身隔离相对容易，我们以上面最后一个孩子的情况为例，爸爸可以这样说：“你生病了，这不是你的错。爸爸和你一样，希望你的身体早点恢复。最重要的是我们要保持积极的心态去面对它。以前和你一起跑步总是很开心，我们要不要恢复这个活动？”

“注入理解”就是理解、化解或转移孩子的焦虑。比如这位爸爸可以继续说：“你现在身体不舒服，心情可能也不太好，还会着急学习。你有任何着急的事情，都要告诉我和妈妈。这段时间我们多帮帮你，相信我们能一起克服这个困难。”

场景 3：对父母偏爱兄弟姐妹的感受

“暑假出门，妹妹把自己的手表弄丢了，妈妈怪的却是我。只要妹妹发生了不好的事情，妈妈都会把责任推到我身上。妈妈就是偏心，不爱我。”

“我心疼妈妈最近身体不好，但我在家表现得很淘气，会和弟弟打架，让妈妈觉得不省心，我感到很内疚。”

“不爱等式”：父母偏爱兄弟姐妹≈不爱自己

转化方案：“单独沟通＋积极关注”

我们看到，上面第一个孩子不希望妹妹发生不好的事情时得到妈妈的不友好关注，希望得到妈妈爱的关注。在第二个孩子的家里，弟弟表现良好，得到了妈妈的肯定，哥哥渴望像弟弟一样得到妈妈的积极关注；无法实现后，哥哥以令妈妈生气的方式获得了关注。这样一来，哥哥可能会被妈妈误解，认为他不懂事，反过来又加重了他的内疚和失望。对于带着情绪的孩子来说，父母偏爱兄弟姐妹等于父母不爱自己。

“单独沟通”是指当孩子出现问题时要一对一沟通，而不是当着其他孩子的面。这一点无论是对孩子还是同胞关系来说都益处极大。很多孩子不仅要承受父母对自己指责的痛苦，还要承受同胞受父母指责的痛苦。就如同在一个班级里，一个孩子被老师责骂，其他孩子也会受影响。如果家里有一个孩子时常受父母指责，其他目睹现场的孩子的心情也不会太好。单独沟通还有助于解释真相，避免同胞在一起又相互回避的压力。如果父母不是指责而是夸奖，单独会谈也没有问题，会让孩子感受到来自父母的独一无二的爱，是一种被认可的爱的体验。

“积极关注”就是给予孩子及时的、积极的、独特的爱的关注。以第二个孩子为例，妈妈可以单独对他说：“你是哥哥，更懂事。看到妈妈生病了，你有点着急，一着急就和弟弟打了起来。妈妈希望你还能像以前那样，平静地处理事情。妈妈知道你关心我，我也关心你的感受。”

场景 4：对父母未守承诺不承认错误的感受

“妈妈陪我写作业，有一道题妈妈说她的答案对，结果不是这样，可是妈妈既不道歉也不承认错误。这时候我好想打自己两下。”

“妈妈答应我写完作业玩30分钟平板，我很努力地完成作业，结果妈妈反悔了，不同意我玩。我很生气，扇了自己一个耳光。”

“不爱等式”：父母不尊重自己≈不爱自己

转化方案：“及时道歉＋澄清补偿”

这两个场景中，孩子感受到的主要是不被尊重。对于孩子来说，不尊重等于不爱。如果是青春期的孩子，遇到这样的情况后，可能就不再给我们敞开心门的机会了。即便是最轻的情况，起码也会影响孩子当晚的专注力、休息和第二天的情绪。

“及时道歉”听上去很容易，做起来却不一定。有的家长做到了，态度却不够诚恳。孩子比父母宽容，我们及时诚恳道歉，很容易获得孩子的真心原谅。如果没能及时道歉，比如看到这段文字时，你突然想起以前和孩子有过类似冲突还未处理，这时可以表达后悔。比如后悔当初没给孩子及时道歉，后悔打骂过孩子。表达后悔也能让孩子好受一些。

我们以上面第二个孩子为例再来讲讲“澄清补偿”的方式，妈妈可以这样说：“刚才妈妈答应你写完作业玩平板，没想到你今天作业这么多。很抱歉，是我没说清楚。现在已经晚上10点半了，妈妈希望你能睡个好觉。你看可不可以这样，明天放学后你先玩半小时平板，或者周末多玩半小时？你来决定。”

场景 5：对放学见面语的感受

分别一天后，父母与孩子在放学后再次见面。我送学生放学的时候，听到过一些家长的见面语。比较常见的放学见面语大致分为以下 4 类。

关心孩子的学习。比如家长会问孩子“今天作业多吗”“作业写完了吗”“作业还剩多少”“语文课上得怎么样”，等等。有些孩子整个晚上在家，也经常被父母询问这些问题，亲子之间的交流内容比较刻板单调。

关心孩子的身体和饮食。比如家长会问孩子“今天吃得怎么样”“嗓子好些了吗”“喝了几杯水”，等等。

关心孩子身上和学校发生的事。比如家长会问孩子“有没有不守纪律”“有没有被同学欺负”“有什么趣事发生”，等等。

关心感受。比如“今天在学校开不开心”“今天最开心的是什么”，等等。

“不爱等式”：父母只关心学习≈不爱自己

转化方案：“关心感受＋反馈支持”

孩子上一天学，一定有一些情绪情感、经历思考、收获挑战想和家人分享，也会有紧张疲倦需要释放。如果家人一直不予回应，孩子分享的愿望常常落空，慢慢地，孩子可能就会关上这扇门。

“关心感受”即父母关心孩子的情绪感受，带着热情和好奇倾听孩子的感受。孩子每天上学都会有些收获，这是孩子努力和价值感的重要体现，通常孩子会在表达感受的同时传递出收获方面的信息。这方面获得父母关注能增加孩子的成就感。在学校有收获的同时，孩子可能也会面临新的学习和成长挑战。家长关心孩子面临挑战的同时如果能给出支持方案，无疑会增加孩子迎接新挑战的勇气和信心。这些即父母给予孩子的“反馈支持”。

以上 5 种情境下，家人化解“不爱等式”的沟通策略总结如下。

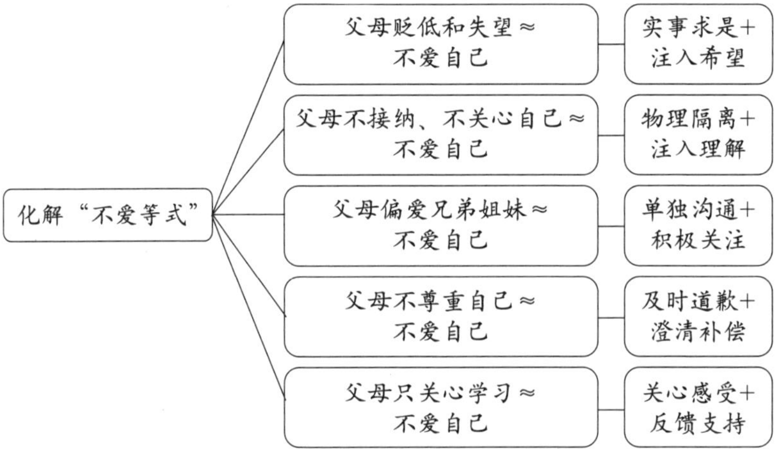

家人化解“不爱等式”的沟通策略

本文仅讨论上面 5 种亲子相处情境，大家可以举一反三。阅读方面推荐马歇尔·卢登堡的《非暴力沟通实践篇》，在此引用几句话作为本篇的结束：“无论是和孩子还是和成人沟通，当我们看到这两种目的的区别时——当我们有意识地不试图让他人做我们想要的事，而是努力互相关心、彼此尊重，让双方都认识到他们的需要非常重要，他们的需要和对方的幸福是相互依赖的——此时，让人惊讶的是，那些看起来没法解决的争端很容易就解决了。”

“学习没什么意思”

——父母的三点误会和孩子的三个烦恼

要破坏一个人对某件事情的兴趣，我们可以不断地对这个人强调这件事情的重要性。人类经常做的一件傻事就是，给自然而然的东西赋予一些非自然的意义，把来自一个人内心的天然动力，变成来自外界强加的。

——曾奇峰《适度的防御：建立有滋养作用的人际关系》

孩子的学业情绪

学生的学业情绪是教师工作中关注的一个重点。教师比家长容易确信的一点是——没有孩子不想考好，孩子们总是希望学得好、考得更好。孩子们记录的学习目标鼓舞人心，包括他们自己。一个成绩普通的孩子告诉我，他连做梦都想考 100 分。还有的孩子说，考 99 分最难受，还不如考89分。这句话获得了小组成员的共鸣。每次拿到成绩，只要不是满分，从99分开始往下，都有害怕面对家长的孩子。早上发成绩，对于一些孩子来说，意味着那一天都不会太好过——脑子里播放的可能都是父母的反应方式和自己的应对策略。如果周五发成绩，孩子们又会担心周末可能不好过。有些成绩好的学生也很不容易，数学扣几分就要焦虑回家怎么面对。

被高标准控制的孩子自己也会追求高标准。对于那些需要提升学习兴趣和信心的孩子，学校如果能随考试成绩下发一个进步表，分题型标记进步点或仅仅写一句进步的鼓励，或者把学校的奖状发放安排在成绩发放的同一天进行，把视角引向自我成长，或者增加调节、补偿工具，就会对孩子有所安慰。父母的安慰和鼓励更加重要。如果家庭的滋养功能好，孩子的情绪通常也会更加积极。如果孩子的成绩不理想，父母用1分钟安慰加2分钟鼓励就能帮助孩子调节情绪。

在小学阶段，学业成绩和情绪反应之间的中介是父母态度；到了中学，孩子更在乎成绩，他们对自己的期望变高了。父母理解了孩子就会懂得等待，就不会在小学阶段过于苛责孩子的成绩。迟早有一天，孩子会自己“卷”自己。两种“卷”法结果大相径庭。

有一天，朋友和我说起一位有读高职经历的学生考上麻省理工博士的新闻。如果家长从小“卷”孩子，孩子可能直接就会考上一所名校——知名中学或大学，而不必去高职周折，但也有可能，有一天会从名校辍学居家不出。

谈到学习，孩子们自己也有说不完的话题。有个男孩遇到交往困难，小组讨论这个话题时，三位邻座同学一致认为提高学习成绩能让他交到朋友。有一次我给心理委员做培训，提示大家在几个重要时间节点做好学生的情绪观察，其中就包括成绩发放后。此时情绪明显转差的学生虽然比较少，但反应可能会比较强烈。孩子们热烈发言，分享了观察到的四种情况：第一种是待在座位上闷闷不乐、生闷气，第二种是撕掉卷子，第三种是哭泣，第四种是想修改成绩或扔掉卷子，但最终没有下笔或是捡了回来。

毫无疑问，孩子们都看重自己的学业成绩。再加上家长更看重成绩，孩子学业情绪的波动变得过于寻常。其中一些孩子走向消极的解释风格，比如“觉得自己没用”。

有一次，徐凯文博士在给教师做培训时简短提及了一个案例。女孩刚上初一，第一次月考各科都是 80 多分，女孩对自己很满意。同桌哭了，说自己考砸了，没有用。女孩去安慰同桌，发现同桌各科都是 90 多分，女孩从此就不肯去学校了。我尝试为小学高年级学生开设乐观品质培养课程，带领他们重建对“坏事”的解释框架。

有些父母对孩子的成绩奖惩分明，奖励很有诱惑力，惩罚也不手软。我询问了一些孩子，父母的奖罚中，奖励带来的动力和惩罚带来的压力哪个更大，不少孩子表示是后者。比如过年不能回老家，假期每天学习 8 小时，这样的惩罚让孩子们在备考期间倍感压力。有一次期末考试，我在三年级考场监考，开考前一些孩子表现得很紧张。家长的奖惩在其中发挥了一些作用。

如果只有奖励呢？我女儿读小学三年级的时候，对我说有个同学期末考试如果三门都上 95 分，家长就奖励去三亚玩。结果那位同学没有得到这个奖励，估计整个假期心情不会太好。如果得到了呢？会不会强化亲子之间以成绩为媒介的关系？那次女儿顺带问我有没有奖励，我说你要是想去我们就去，和考试成绩没关系。她大约感到很放心，后来没再提过对成绩的奖励。我也一直没有尝试对她做任何和学习成绩有关的奖惩；每次成绩出来后，不管是需要安慰还是肯定，我都会及时给到。有的家长可能会担心长此以往，孩子会不会不在意成绩。我敢肯定地说：没有这回事。尤其是上了中学以后，孩子们会越来越在意自己的成绩。

孩子们对考试成绩心事重重。有时受了小视频或同学的影响，考试前还会有各种仪式，比如家里的地砖每走一步踩哪个位置，考试当天要带什么幸运纸条，邀请老师说句什么话。还有家长专门问我孩子的某个仪式是不是强迫症的表现。我想如果告诉孩子们我对小学期间的成绩全都不记得了，不知道他们会做何感想。

父母的三点误会

家长和教师都很关注孩子的学习困难。学习困难的心理原因可能比我们以为的更多。比如我观察到，有的孩子阅读理解和写作有困难，不能很好地理解和表达感受性、概括性等内容，这种情况很可能和孩子在家庭中的处境有关系。如果家里没有人关心孩子的感受，孩子没有机会表达自己的感受，完成类似的学习任务时，困难可能就会比较大。类似的情况有时还会影响孩子在外语学习中对部分语法内容的理解。

将学习问题放入家庭关系框架，有些困难就会迎刃而解。如果孩子有阅读理解和写作方面的困难，只要家人多表达感受、完整地表达想法，同时关注孩子的感受、鼓励孩子多表达，假以时日，孩子的理解和表达能力就会有所提高。如果孩子的学习态度、学习潜力被他人否定，孩子承受的压力通常也比较大，学习状态容易受影响。当解释一个孩子学习退步的情况时，我们将其放入关系框架理解往往是一个捷径，也更容易主动做出调整，支持孩子的成长。

我们付诸行动的出发点是想帮助孩子化解内心冲突，不过也要警惕这种行动推波助澜。

家长的第一点误会是孩子不爱学习，对学习不上心，或者说不确信孩子想搞好学习。“偏科”的言外之意就是在说孩子不喜欢某个学科，父母一贴标签，孩子就认领了，其实内心还在挣扎。还有一些情况，比如只要孩子不在书桌前，甚至孩子就坐在书桌前，家长也不敢轻易确信孩子爱学习，总想贴个什么标签。孩子们经常告诉我又被家长冤枉了，一多半指的正是这种情况；还有的孩子会在心里默默反问一句“为什么妈妈从不学习”。家长们的普遍情绪可以说是焦虑，也可以说是有些悲观。对一个孩子说“你不好好学习”，就相当于领导说我们不好好工作，这是很大的不尊重。每个学期的第一周，孩子们都会写下新学期的心愿和目标。很多孩子都希望提高学习成绩，让爸爸妈妈开心。孩子们很清楚父母的心思，并且发自内心想搞好学习。

家长的第二点误会是孩子不会累，学习不能停，也就是说不认可孩子也会累，需要玩耍。不想学习≠不爱学习，累的时候不想学习，这是很正常的感受。孩子们希望有放松的假期和专属玩耍时间。家长以为孩子连轴转不停学习是好事，其实未必，休息是很好的补养。孩子们也有想“躺平”的时候。

“我不喜欢学习。试卷错题多，不敢找家长签字。课外作业太多。我感觉很累，经常觉得困，想睡觉，对学习的兴趣不如以前高了。希望爸爸妈妈能多让我出去玩。”

“我越来越不喜欢学习了。在学校学习一整天，晚上和周末爸爸妈妈还让我学习，假期还是学习。我感觉好累，好想睡几天觉。学习压力好大，爸爸妈妈很着急。家里没有一个人开心。”

有的孩子被课外班繁重的作业压得喘不过气来，心情不好就去欺负小朋友，或者和自己怄气。这时候如果再说孩子学习不累，那就相当于剥夺了孩子基本的休息权利。

有的孩子说最近不能玩游戏，只能看爸爸玩，爸爸说玩游戏会玩物丧志。孩子的描述让人沉思：现在不少孩子小时候没玩够，将来他们成了爸爸妈妈，他们的孩子也会这样看着他们玩游戏。有一次女儿对我说小学阶段没上过课外班，上了中学有优势。我问她是哪方面优势，她说小学阶段玩得好，就不会讨厌学习，上课就能认真听讲；上过课外班的同学上课不听讲、晚上玩游戏。确实有这样的情况发生，没玩够的遗憾迟早要补上。求学阶段如果没补够，成了家也得补，那时可能就会发生如本段开头的一幕。

家长的第三点误会是学习任务不难，题做不对是孩子态度有问题(马虎)，也就是说不相信孩子题目做不对是能力问题或是需要练习、需要帮助。

回想一下上一次我们不满意孩子成绩的理由，是不是有这么一条：这么简单的题都不会？孩子们则经常抱怨说家长总是从自己的角度判断难易，把不会做题看成态度或能力问题。他们这么说：

“为什么爸爸妈妈语文那么好，而写作文对我来说却这么难，难到一点兴趣都没有了。”

“我对学习兴趣一般，不知道为什么有人会爱上学习。当写作业遇到难题时，我不想问妈妈，她觉得我应该会，讲题没耐心，会对我生气。我希望爸爸妈妈能陪我一起学习。”

“妈妈说我数学错题多是因为我马虎，她总是这么说我而不是帮助我。我希望她能给我把题讲明白。”

北京大学第六医院郭延庆医生给家长做过一个分享，题目是“家长能‘三会’，孩子不作妖”，“三会”是指会要求、会满足和会拒绝。其中对“会要求”的提示是，家长要在孩子有能力、容易做、时间短、需要时能得到帮助的前提下提要求。确实如此，单纯增加学习强度、难度和学习时间的方式并不可取，不但会引发很多负面情绪，而且会大大伤害学习兴趣。

教育家顾明远先生曾说：“学生对学习没有兴趣，所以感觉不堪重负。”他认为没有兴趣就没有学习。父母的这些误会恰恰会影响孩子的学习兴趣。比如在课外班任务繁重或任务超越能力的孩子当中，学习兴趣和信心下降的情况比较普遍。即便是那些校内成绩优异的孩子，有时也会因为课外任务挑战过大导致信心下降。另一些孩子则早早便被这种挑战挫伤，丧失了学习兴趣。家长如果要求孩子考试不能出错，也会给孩子带来挑战。

父母的误会对孩子学习兴趣的影响参见如下示意图。

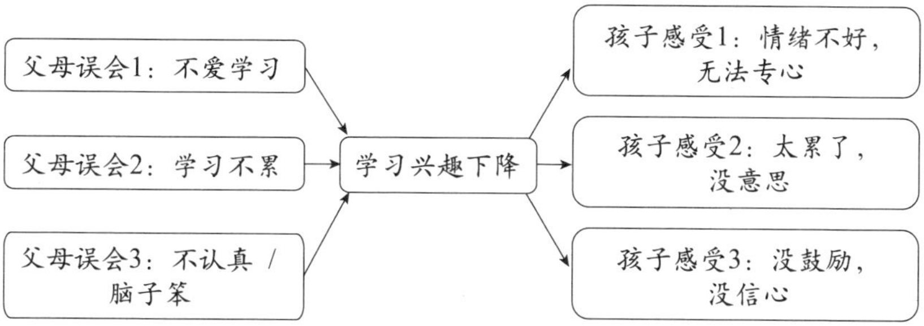

孩子学习兴趣下降的部分原因与影响

孩子的三个烦恼

烦恼 1："情绪不好时不能集中注意力学习"

一般而言，孩子情绪上能接纳某项学习任务，学习起来就会比较愉快轻松。如果学不好，则很可能是"和学习内容的关系"出了问题。比如数学学不好是"和数学的关系"不够好，也就是不太喜欢数学。在"和学习的关系"中还有一层关系，就是学习内容和现实世界的关系，比如没有搞明白数学和生活的联系，这是和学习内容处好关系的前提。这两样关系搞好了，孩子一般都能学好。

孩子和学习关系的建立本来是件自然而然的事情，但在日常生活中，父母高度介入后把这个关系搞复杂了，孩子专心学习变困难了。越来越多的父母带着孩子走进学习困难门诊。孩子要想和学习建立好关系，需要先把和父母的关系捋顺。这一点对于弱小的孩子来说，有时难于独立搞好学习。

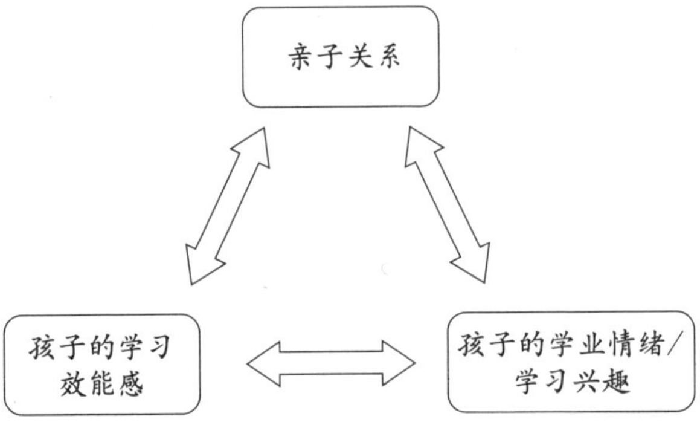

亲子关系对学业情绪和学习效能感影响示意图

我们来感受一下樱桃在一次成绩下发后的心理活动和学习状态。那一次，她的成绩不理想。上午第一节课老师就发了卷子，看到分数，樱桃的大脑立刻变得一片空白。后来每节课她都没怎么听讲；午饭也没好好吃。她一直在想要不要回家，以及回家后第一句话说什么。经过反复思索，樱桃想出三个方案。第一个方案是下跪，坦白成绩，等待惩罚。第二个方案是假装什么都没发生，一直待在自己的房间里，不吃晚饭。第三个方案是回家第一件事先做手工，送妈妈一个礼物，想好妈妈的两个优点，如果妈妈问到成绩，惩罚或许能轻一些。

结果，樱桃做的这些准备都没用上，因为她的父母能够接纳。我想起女儿三年级的时候，有一天也是刚到家就哭了。她一边哭一边拿出一张 70 分的数学卷子，我这才放心了。我告诉她以后不管考多少分都能大大方方回家，然后我们一起修订了错题。想必女儿那一天也没比樱桃好过多少。单单是孩子们自己空想的父母的惩罚，就对他们一天的情绪和专注力带来巨大的干扰。

当孩子想安心学习的时候，即使父母不在身边，我们平时说的一些话也会在孩子脑海里回响，成为孩子专注力的噪声。注意到孩子专注力有问题的家长越来越多，其实这些问题大多是我们亲手制造的，孩子对此早有觉察。比如有的孩子上着课就会想妈妈会不会偷看自己的日记，爸爸会不会又对作业错题生气。听听我们还制造了哪些情绪噪声。

“我的学习兴趣时有时无。妈妈的心情时好时坏，爸爸对我没有耐心，很急躁，他们还总当着同学的面说一些我不想让同学知道的事情，总在我该玩的时候让我学习。有时候，我想认真学习却没法集中注意力，情绪不好时就会这样，有时是因为担心爸爸妈妈又会发脾气，或者考试成绩达不到要求。我的担心是不是有点多？”

“我的学习兴趣一般。被妈妈打骂的时候最不想学习，希望妈妈能温柔一点。有时我很担心自己学不会，偶尔会有个声音对我说：你一事无成，长大了是个没用的人。我真担心自己会变成妈妈说的笨小孩。”

“每次生气的时候我就不想学习。妈妈总是让我生气。先是她生气，我跟着也会生气，一生气就算想学也学不下去。第二天坐在教室里继续生气。”

“我很想知道怎样才能提高学习兴趣。希望爸爸好好说话，不要在我考试没考好伤心时嘲笑我。他对我说的最让我难受的一句话是‘你真差劲’。现在我对学习的兴趣少了，害怕多了，尤其是每次发成绩的时候。”

此外，父母按照自己的兴趣选择课外班也会导致孩子情绪不佳。孩子希望父母能尊重自己的决定，实际情况却是家里没人在意自己的感受和想法。得不到家人的尊重和肯定，孩子感到灰心又生气，学习上也少了积极性。

烦恼 2：“‘卷’不动了”

有些成绩很好的孩子，比如数学稳定在95分以上，他们对自己的评价是没考好。这样的孩子并不少见。对于这些孩子来说，每一次数学没考满分都意味着不敢面对父母。这是一部分好学生面对的困境。当情绪超负荷时，孩子或早或晚会出现情绪问题，有些中学阶段就爆发，有些扛到大学阶段爆发，甚至主动选择荒废学业。到头来，这类“好学生”最后真的不想再学习了，可他们也曾体验过学习的美好。

高中生、初中生和小学生对学习都有厌倦的时候。

“我不如以前喜欢学习了。每天学习时间太长了，超过我喜欢它的时间了。我需要一些时间休息和阅读，了解自己的特长，了解更好的学习方式，了解别人的故事。可我不敢告诉家长，我喜欢做的事妈妈不同意。现在我最喜欢打游戏。”

“我最近一点都不开心，看什么书都烦，感觉好累。其实我也想考 100 分。很好奇，怎么才能提高学习效率？课外作业太多了，都没时间出去玩儿。感觉每天都一个样，学习没什么意思。”

“学习的事情太多了，还有很多课外班。我过度疲劳时不想学习，爸爸误会我不爱学习，以为我跑到学习室是为了看手机。我‘卷’不动了，需要休息。”

有一个学期初，我带孩子们做学期展望，其中一项是写下本学期的学习目标。孩子们表达了积极的期待。有个孩子与众不同，他的目标是学习退步，考倒数第一。这个孩子的学习成绩在中上游，我找孩子了解情况，原来是因为家长在学习上逼得太紧，孩子心生怨恨，一心只想报复父母。孩子都想考出好成绩；如果想考差，一定是关系出了问题。除了报复父母，这些感到气馁的孩子也可能会自暴自弃。

有些父母认为只要不停做题，孩子的成绩就能不断提高，因此会布置大量家庭作业，导致孩子的睡眠时间得不到保证。夸张的情况下，孩子写作业写到凌晨，去卫生间都要请示。父母希望通过这种方式来缓解自己的焦虑，尤其是自身工作竞争激烈或学业目标未竟的父母，而没有考虑到这会给孩子制造巨大的焦虑，引发孩子的情绪问题。有这种经历的孩子很难体会到童年的快乐。

烦恼3：“不想学习的时候，希望爸爸妈妈陪伴自己”

孩子6岁前，父母经常会想到要高质量陪伴孩子。孩子上学后，越到高年级，父母的这种陪伴越少。其实不管是小学生还是中学生，他们都很需要父母的陪伴。

孩子们“希望爸爸妈妈陪伴自己”，说出了亲子关系的本质。孩子富有智慧，父母要跟随好孩子。养育孩子，重要的有两条——陪伴和等待。所谓静待花开，前提是要做好陪伴；如果陪伴没做好，花期就会变短，甚至会提前枯萎。

有的父母倾向于以其他方式替代自己的陪伴，比如给孩子报班、安排阿姨或长辈陪伴孩子，甚至直接丢给孩子一堆卷子。孩子能感受到家长对陪伴的某种拒绝。此外，不满意成绩、发脾气、空间上的回避、不停刷手机等也意味着拒绝和不接纳孩子。

孩子们希望父母能陪伴自己，包括但不限于不想学习的时候，不会做题的时候，无聊的时候，想买东西的时候，想玩的时候，有好事或坏事发生的时候……比如有孩子说：“我希望爸爸妈妈陪伴我，希望爸爸在学习上帮帮我。”

“我是不是不可爱”

——孩子与家庭秘密的距离

我们陪在孩子身边，给予他们支持，告诉他们实情，关心他们的感受，这些才是能让孩子感到安全的东西。有了这些东西，哪怕处境艰难，他们所承受的压力也是有限的。

——贝姬·肯尼迪《看见孩子》

孩子关心的家庭秘密有的具体，有的仅是保持疑问（认为对疑问的回应涉及秘密）并放在心里。在不同家庭里，家庭秘密的边界不同，不同类别秘密的内容也不尽相同。从利于儿童、青少年成长的角度看，可将家庭秘密粗略分为可以共享的秘密和刻意保持的秘密两类，这两类秘密之间可能会相互转化。

家庭秘密一般并不对外分享。“可以共享”和“刻意保持”都是从利于儿童成长出发，利于成长的就要共享，不利于成长的就要刻意保持。在后面“我恨爸爸”一文中列举的一些家庭关系就不应将孩子卷入。被卷入的孩子成为工具人，容易遍体鳞伤。总之，家庭内部秘密是否转化为可以共享的秘密，主要取决于秘密内容是否会增加孩子的紧张焦虑。能减轻紧张焦虑的就可以共享，不能的就要刻意保持。

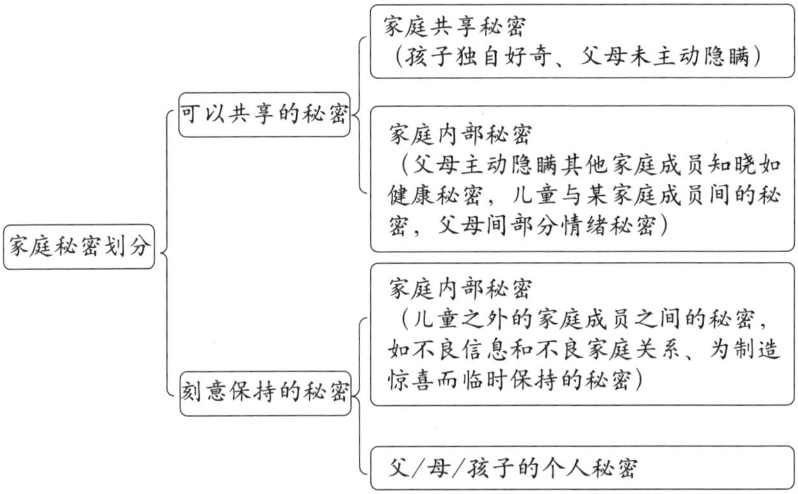

利于儿童、青少年成长视角的家庭秘密划分

这里的家庭秘密有些划分是相对的，是否一直共享或刻意保持也是相对的。即使是和孩子共享的秘密，具体信息点上也有这个问题，可以区别对待。有一天，这些刻意保持的秘密可能终将被孩子知晓，成长的不同阶段理应被区别对待。其中，儿童与某个家庭成员之间的秘密的共享，是指从利于保护孩子的角度，鼓励孩子自己将秘密分享给其他家庭成员。

下面我们来讨论其中的几种。

孩子独自好奇、父母未主动隐瞒的秘密

对于孩子来说，很多事情都属于家庭秘密。有些秘密对于父母来

说并非家庭秘密，但由于未对孩子解释，对于孩子而言成为秘密，也就是独属于孩子的家庭秘密。

比如爸爸经常出差。孩子不知道爸爸需要有规律地出差，父母解释不细致，导致孩子一直猜疑，是不是自己不可爱爸爸才去出差的。久而久之，孩子就形成了自己的归因模式，觉得和爸爸的分离是自己造成的。父母通常并不能及时知晓孩子的内心世界，只能任由孩子自己做解释。时间长了，影响就出现了。

以我女儿为例，她 6 岁生日前后和爸爸分开过几个月。此前和爸爸一起在外地的时候，她从来不问回北京的时间，爸爸一回去，她每周都会问。问了几次后，我才意识到需要和她做个清楚的解释，告诉她和爸爸短期分开不是她的原因，而是爸爸工作需要，并告诉她确定的回家日期。这样沟通之后，情况好了很多。我也有了这样的体验，对于成人不是秘密的事情，对于孩子未必如此。

有的孩子对自己的出生是否受到控制、小时候的某些记忆、父母的相识、父母为什么生气等感到好奇，认为是秘密，不敢询问。有个男孩在妈妈和邻居闲聊中，无意间听到妈妈说自己的付出和工资水平不对等，便开始思考世界上的不公平，替妈妈感到难过。这个无意间听来的秘密带给孩子好一阵子困扰。

在有些家庭，下面这些疑问可以正面回应孩子。

- 爸爸妈妈经常吵架，当初他们为什么要结婚？
- 妈妈 / 爸爸最开始想要女孩还是男孩？
- 为什么家里有人重男轻女？

总之，孩子希望解答的，父母了解到并能回应的，建议及时解答。

父母主动隐瞒其他家庭成员知晓的秘密

有一些秘密，例如健康问题，可能会被父母处理成不向孩子开放的内部秘密。成人不想让儿童知晓的原因有很多，比如担心孩子承受不了，例如丧亲。此外，家庭成员（包括孩子）重病等也是如此。

弗洛伊德在他的文章《哀伤与抑郁》中这样说：在我们面临重大丧失的时候，我们不可避免地会哀伤，我们越能够充分地哀伤，我们就越不会得抑郁症。

孩子对依恋关系好的祖辈生病感到忧虑，比如会问父母："奶奶的身体到底怎么了？"有个孩子和外公关系很好，外公去世前，孩子没能和外公见最后一面，父母独自回老家参加了葬礼。过了一个月，孩子意识到外公真的离开了自己，会通过给外公打视频电话等方式表达想念。这种表达方式传递出一个信号——孩子并未真正接受外公的离开，未"充分地哀伤"。此时孩子需要父母的帮助。在孩子早期成长阶段，如果祖辈是自己唯一或主要依恋对象，"充分地哀伤"就更加重要。有时，这个人可能是保姆或其他亲友。无论是谁，与早期依恋对象的分离或对方离世对于孩子都是一个重大事件。

父母如果对孩子隐瞒自己的病情或亲人去世的事实，往往隐瞒得越多孩子越担心，比如担心母亲受到伤害并感到恐惧。亲人离世后，父母可能会回避提及，希望让孩子远离伤心。但孩子可能会疑惑亲人之间的关系是否不睦，亲人是否已离世，自己是否被抛弃，亲人是否遇上怪兽……孩子可能会想象几种甚至十几种不确定情形，生活在担忧和恐惧中。父母一方如果离世，对于孩子属于重大丧失，哀悼必不可少。家人的回避——隐瞒实情或回避谈论逝者，都会给孩子带来二次伤害。但在具体细节上，家人可以有选择地回应孩子。

“依恋三部曲”中有这样一段话：

“当丧失是永久的时候，比如说在亲人去世之后，愤怒和攻击行为没有什么功能。但是这种行为发生得如此频繁的原因是，在刚刚失去亲人的时候，大家都不相信这样的丧失是永久的，因此他们不仅会表现得好像可以找回亲人，还会责备亲人离开他们。对于离去的亲人，孩子也会认为他们应该对发生的事情负一部分责任。因此，愤怒会直接指向离去的亲人和那些造成这件事的人以及那些阻止他们团聚的人。”

一个秘密有时会带来更多的秘密。这些秘密可能把孩子推向不安行为，也可能会让孩子走进胡思乱想的陷阱。美国临床心理学家贝姬·肯尼迪在《看见孩子》一书中给出的替代方式是：“与孩子建立亲密感（你是爱孩子的、受孩子信任的大人），同时把真实的信息清楚而直接地告诉孩子。这么做能给予孩子安全感，同时提升他们的心理韧性。需要注意的是，我并不主张毫无必要地去惊吓孩子。我主张提升孩子的能力，而能力往往需要通过学习应对压力来获得。所以，孩子必须有一个愿意面对而非逃避真相的父母。情绪调节能力的根基是理解真相。也就是说，看到父母直面残酷的真相，孩子也会学着调节自己的情绪。”该书作者还给出了说真话的4种方式：肯定孩子的感受，正视孩子提出的问题，告诉孩子什么是你不知道的，以及注意自己说话的方式。

此外，这类秘密可能还有姻亲关系、近亲属之间的关系以及财产关系的秘密，比如家庭财富、遗产继承等。这类秘密除了孩子，其他家人都知道，事情本身和孩子的生活暂时关系不大，那就没必要告诉孩子。

父母之间的秘密可以相对保密，有选择地开放

此类秘密为父母共享。常见的秘密有以下几类。

父母关系秘密：比如父母一方有外遇、一方对另一方使用家庭暴力、双方争吵、结束婚姻关系等。此外，父母之间的秘密可能还会涉及夫妻和前妻、前夫的关系，孩子和同父异母或同母异父同胞及其另一方血亲的关系等。

目前很多家庭将其中一些秘密处理为共享秘密。比如父母之间的家庭暴力关系。目睹家庭暴力对孩子伤害极大。可能的话，成人应保守此类秘密，在得到良性解决的情况下再和孩子分享，平复孩子的疑惑。

孩子对这类信息往往比较敏感，保持这类秘密是相对的，或者说如果表达方式合适，是可以向孩子开放的，重要的是不应让孩子卷入。当需要向孩子坦白情况时，可以有选择地甚至以建构的方式回应孩子。例如父母关系破裂，孩子有所猜测，来问妈妈情况。这时妈妈可以说，以前我和爸爸关系不错，最近和爸爸的关系虽然发生了变化，但爸爸妈妈对你的爱始终如一。至于关系发生了怎样的变化，妈妈可以选择不告诉孩子，如果孩子追问，可以用直观、概括化的方式告诉孩子。在这件事情里，不让孩子卷入可以大致理解为妈妈不胁迫孩子站队，不影响爸爸在孩子心目中的形象和位置。妈妈对自己的伤痛要尽量守口如瓶，但可以适当表达情绪，比如爸爸离开我，我感到难过和愤怒，但我相信这一切都会过去。

有一次我带儿子在公园玩儿，两个大约八九岁的男生在我们旁边边蹬器械边聊天。一个男孩说：“我想知道我是不是我妈亲生的。我从没见过爸爸妈妈相亲相爱，而且我妈妈爱妹妹超过爱我。”另一个男

孩回应说："我小时候，爸爸嫌我丑，差点把我送人。我是我爸亲生的，不过我爸我妈也没有相亲相爱。他们离婚了，不知道是不是因为我丑。"这些模糊的可疑信息不时占据甚至撕扯着孩子们的心。亲子关系不佳、父母关系不佳或父母对子女态度悬殊的家庭的孩子有时会产生这种怀疑。

父母刻意隐瞒的秘密往往会导致孩子出现情绪问题，因为孩子容易把原因归结于自身。有个女孩虽和我仅一面之缘，却令我印象深刻。我去找她是因为她给我写了一张纸条，上面写了长时间以来压得她喘不过气的一件事——她本人并未遭受爸爸打骂，而她的姐姐却没有这份幸运，她为此感到疑惑重重，并深感内疚。还有一个男孩，他的同学反映他情绪不太稳定，他有一天说终于搞明白为什么爸爸对哥哥不好，对他还行，这件事一直让他不好受。这个重要秘密回答了他的疑问，令他如释重负。此外，在拒绝上学的孩子当中，有的是因为父母掩饰或隐瞒某些事实或秘密，孩子是在用拒绝上学的方式探求答案。

孩子们对家庭内部的关系十分敏感，刻意回避可能会加重孩子的忧虑。比如有的孩子会问："爸爸妈妈的关系到底怎么样？""妈妈为什么要离开家，是不是她不喜欢我？"一天早晨，一个男孩急切地想和我聊聊，我为他协调安排了当天的辅导。孩子担心的是奶奶会扔下自己回老家。他对我诉说了妈妈和奶奶之间的对话。他对这些话似懂非懂，并为此感到焦虑。我很赞成老人有选择自己生活的权利，但是第二天早晨，当孩子告诉我奶奶决定暂时不离开北京时，我仍然为他感到高兴。

孩子与某个家庭成员的秘密

有些孩子和爸爸或妈妈的秘密是临时性的，这类秘密很快就会转入共享范畴，我们不做探讨。如果共享能够减轻孩子的紧张、焦虑，其他秘密也可以转化为家庭共享秘密。

举个例子，母亲被父亲冷暴力，一直独自默默承受很多痛苦，等孩子稍大一些，如果把这些痛苦传递给孩子，孩子就会和母亲一起承受。再比如，父母对孩子施加恐惧感（如威胁撤除对孩子的关爱或抛弃孩子），父母、亲友对孩子施加暴力等。孩子在受到成人的威胁后，容易将之视为自己的秘密。这些秘密对孩子的成长非常不利，如果能引导孩子将之转为共享秘密，家人就能帮助孩子。当然这种情况很少发生。

阅读体会

关于自己

关于孩子

第二章

孩子纠结的心事

“妈妈喜欢弟弟”

——“偏心”给孩子套上紧箍咒

孩子的父母最好能有一些经验和技巧，避免表现出对某个孩子的偏爱。否则，成长较快的孩子就会给其他孩子带来阴影，让其他孩子觉得沮丧；其他孩子可能也会心生嫉妒，怀疑自己的能力，他们的合作能力也会深受影响。不偏爱某个孩子这件事必须付诸行动。父母双方必须观察孩子心里是否怀疑父母偏心。

——阿尔弗雷德·阿德勒《自卑与超越》

父母的偏心、偏爱会带来频繁的同胞竞争。有一种困难的情形是，偏心偏爱是孩子自己观察后做出的内部解释，父母浑然不知。如《孩子：挑战》所言：“孩子们的决定，取决于他们怎么诠释自己的地位和其他孩子的表现。如果这个诠释是错误的——很多情况的确如此——错误观念就形成了。”因此，我给副标题的“偏心”两个字打了引号。

孩子们对父母和其他同胞的关系比较敏感和计较。有几次，我的课堂内容与此并无关联，有的孩子就会联想到这方面，会分享他们的感受。这时候，就会有更多的孩子想要表达类似感受。除了同胞之间的天然竞争，也有整体竞争环境的影响，其中还有一部分可能是家长有意无意间营造的竞争氛围。同胞之间的竞争，主要目标是争取父母的关注和爱，但具体情况纷繁复杂。

本文重点分享两种情况：孩子面对弟弟妹妹（婴幼儿）和哥哥姐姐（青少年）的感受。这两种情况均涉及父母态度对亲子关系和同胞关系的影响。我将多举例，以便父母觉察。一旦觉察到，父母便自有应对方法。

与弟弟妹妹的相处感受

对于哥哥姐姐来说，弟弟妹妹的出生可能会成为他们的一个应激事件。有的孩子，甚至当他们的弟弟妹妹还是个胎宝宝时，就已经开始惴惴不安。尤其是学龄前的孩子，他们非常依恋父母，可能会将其他分享者视为敌对关系。好的情况下，哥哥姐姐的情绪能较快化解；如果情况不佳，哥哥姐姐的情绪可能会形成长期困扰。有的孩子带着这个问题来找我的时候，已经对父母或弟弟妹妹有了很深的敌意。建议父母做好准备，随时了解孩子的感受和需求，做好解释沟通工作，联结好同胞之爱。

担心弟弟妹妹占有爸爸妈妈的爱

有时候，父母容易以为大孩子天然懂事，不会对自己的弟弟妹妹过于计较。大孩子确已是学龄期儿童，并已独占了父爱母爱相当长时间，但有一点是他们不曾体验过家庭内的同胞竞争。弟弟妹妹则不然，他们天生要面对这份竞争，适应能力甚至超过哥哥姐姐。即便哥哥姐姐曾主动提出想要弟弟妹妹并热切盼望新生命的到来，也不要以为他们能无条件接纳后来者。

影响同胞关系的最重要因素是父母的态度。比如一个大女孩，她弹钢琴的水平已经很好，但每当妹妹学她的样子弹琴得到爸爸妈妈夸奖时，她都感觉很不舒服，认为妹妹带给她很多压力。

还有一些孩子，尤其是那些心思细腻的女孩，会在和父母的互动中或者在父母的点滴言行中寻找着被爱和不被爱的证据。比如有个女孩，她的妈妈在弟弟出生后的头半年带着弟弟在外婆家休养。在孩子的感受里，那是她最难熬的半年，她断定是妈妈不再爱她了才会离开她。

另一些孩子有类似的感受变化和细腻觉察："妹妹出生那天，我一大早就从电话里听到了这个好消息。有时候，我上学前看一看妹妹，晚上回家就感觉她长大了，好神奇！最近我有点感冒，不能太靠近妹妹。妈妈有点啰唆，不停提醒我不能靠近妹妹。妈妈和以前不一样了，她好像更关心妹妹，不关心我的感冒。"

即便亲子之间未发生过分离，不同孩子与父母的关系可能也存在亲疏之分。比如有的女孩有类似细腻感受："妹妹和妈妈亲，比我和妈妈更亲，因为妹妹从小是妈妈照顾的。我小时候是外婆照顾的，虽然也在妈妈身边，但妈妈陪伴很少。我羡慕妹妹，不喜欢她。"

有时候，孩子们的小心思很难被察觉。当他们的言行举止有"退化"表现，比如小一点的孩子原本能自主如厕，有了弟弟妹妹后需要重新穿尿不湿；大一点的孩子原本可以独自睡觉，有了弟弟妹妹后需要家人陪伴；等等。也就是说，这些孩子看上去好像回到了以前的某个阶段。此时，父母应多和孩子沟通解释。

有个孩子有这样的心思："妹妹出生一百天了，爸爸给她买了一个小摇椅。我也想坐一坐，想知道我小时候是什么样的，是不是也有这样的玩具。结果真像爸爸说的那样，我把摇椅压坏了。不过爸爸没有批评我。后来妈妈告诉我，我小时候也像妹妹一样可爱，有好多玩具，他们像陪伴妹妹一样陪伴过我。要是他们早点告诉我这些，我就不会把妹妹的摇椅压坏了。"

我女儿小时候有个同学，漂亮但忧郁。我观察到 5 岁的她仍会吸大拇指——每当她的妈妈把弟弟抱起来的时候，她就会把大拇指送进嘴里。

哥哥们也不一定比姐姐们更加轻松。一个男孩被老师们发现课堂专注力下降很多。孩子告诉我们，他的弟弟总在监督并制止他和爸爸妈妈的互动，只有弟弟睡着后，他才可以和爸爸妈妈玩。这种情况在我家也发生过：4 岁的弟弟有两天总在我和姐姐聊天时制造很大的噪声。我分别和两个孩子单独沟通，告诉他们陪伴另一个孩子并没有减少对他们的爱，这样弟弟就不再闹了。孩子之间年龄差大的好处在这些时候有明显体现。好处是和大孩子更容易沟通。不过我们不能因为大孩子已经大了而忽视其感受。如果我们能及时觉察和引导，小孩子其实也不难沟通。

年幼的弟弟妹妹对同胞竞争也很敏感。本文不做专门探讨。

不满意家人的不公平

除了担心弟弟妹妹会分走甚至独占爸爸妈妈的爱，孩子们也很难接受父母的不公平做法，并且可能会在内心将之与父爱母爱的倾斜相联系。有些情况，如果孩子不说，家人就很难发现；有些情况相对好察觉一些。一旦察觉，父母就应做些干预。比如有个孩子特别烦妹妹命令自己快点写作业，妹妹说的这句话是跟妈妈学来的。这样的事情已经令孩子不太舒服，可是妈妈听了不仅没有制止，还夸妹妹可爱，这让孩子听了简直难受得要命。

学龄期儿童很在意物品归属，希望能安全保管自己的东西。这方面兄弟姐妹之间的冲突会比较频繁，父母的卷入增加了孩子的不安感受。比如有些孩子会表达类似的担心:“我妹妹老拿我的东西，上了锁还是不行。妈妈只会说妹妹两句，或者吓唬一下，没有实际行动。有时候我一边上着课，一边担心晚上回家又会少什么东西。”

以前的家庭中，常有大孩子照顾小孩子的情况。现在这种情况相对比较少，加之孩子的平权意识比较强，可能会排斥这样的安排。比如有的孩子和弟弟妹妹随父母外出后被要求看管弟弟妹妹，父母则和其他家长或朋友聊天，这时大孩子就会觉得父母这样安排不公平。尤其是如果弟弟妹妹出现磕碰还要被父母责骂，大孩子就会更加生气和委屈。

阿德勒对家庭中孩子出生顺序的研究提醒人们从这个视角观察同胞关系。孩子应对同胞关系本身已是一件有挑战的事，父母如果卷入较多，可能会加剧其中的混乱感。不少孩子会表达类似的情况和感受:“我弟弟3岁了。昨天我给他喂面条，弟弟嫌烫，我就用嘴帮他吹了吹。结果弟弟说我偷吃他的面条，还告诉了妈妈，害得我被妈妈骂了一顿。看到妈妈骂我，弟弟很高兴。我很生气，生气妈妈偏心弟弟，生气弟弟胡说八道。我再也不给他喂饭了。”

孩子们的陈述不一定都是客观事实，却是孩子们的心理现实。

孩子们容易产生认知偏差，父母多跟孩子沟通感受和需要就能发现问题。

以下对话来自我和小朋友橘子。她的认知偏差也很明显。有时一次沟通解决不了所有问题，可以多次进行。

橘子：我妈偏心弟弟。

我：能具体说说吗？

橘子：有时候，弟弟先打我一下，我也打他一下。妈妈却只骂我一个人。

我：当时是什么感受？希望妈妈怎么做？

橘子：感觉很委屈。又不是我一个人的错，妈妈应该先批评弟弟。

我：嗯。妈妈会觉得你和弟弟谁更明白道理？

橘子：是我吧。不过我觉得弟弟也能听明白。

我：很好，把这个发现告诉妈妈。

橘子：好的。我爷爷也偏心我弟弟。

我：讲讲吧。

橘子：平时一起吃饭，爷爷会把我碗里最后一口饭给弟弟吃。

我：爷爷没问问你就这么做，你很生气和无奈。还有别的吗？

橘子：爷爷说他已经疼爱了我好几年，弟弟出生后，该疼爱弟弟了，不疼我了。（眼眶转出眼泪）

我：爷爷说的话可信吗？

橘子：可信。

我：有多可信？

橘子：百分之百可信。

我：　弟弟出生后，爷爷还是每天接送你上下学，提醒你好好吃饭，提前给你准备生日礼物，这些都没有变。我看到爷爷还是很爱你。你感觉爷爷说的话有多可信？

橘子：百分之三十吧。偏心和不爱不是一回事呀？那我妈妈和爷爷也是爱我的，就是少了一点儿。

我：　还记得他们陪伴你的时候吗？

橘子：记得。我小时候坐在爷爷肩膀上，比所有人都高，特别开心。弟弟一次都没坐过。

不满意家人要求自己“以大让小”

“以大让小”也是孩子们的一个吐槽点。这一点和前面的不公平感受有关，更多时候，孩子们将其指向家人的爱的倾斜。比如孩子们有下面这样的感受。

“奶奶经常要求我让着弟弟，爸爸也这么要求我。爸爸小时候也被奶奶要求让着他的妹妹。弟弟能说会道，我为什么要让着他？”

“妈妈给我和弟弟定了个规矩：放学以后，谁先拿到玩具就谁先玩，另一个人排队等。有一次，明明是我先拿到滑板车，弟弟偏说是他。我和弟弟都去找妈妈评理，妈妈相信弟弟，不相信我。后来她又说这次就算姐姐让着弟弟吧。”

孩子容易从“以大让小”走向其对立面“以大欺小”。想到这一点，也就理解了大孩子的不满和怨恨，家人就更容易摆脱“以大让小”的唠叨。比如有个男孩感到自己和妹妹的关系不好处理，妹妹总是抢他正在用的东西。男孩觉得外公外婆偏心妹妹，会抢自己的东西给妹妹，比如零食；还会经常要求自己让着妹妹。偶尔男孩打了妹妹，外公外婆就会批评他。他很想找机会好好打妹妹一次，写作业有时也会想，反复想怎么才能办到这件事。

哥哥姐姐的相处感受

我们能观察到，青少年和弟弟妹妹的关系比和父母、朋友的关系更疏远，受弟弟妹妹的影响相对更小，和弟弟妹妹关系越来越远的状况可能会持续整个青少年期。有一点积极变化是，进入高中的青少年和弟弟妹妹的关系会逐渐更平等。反过来却不一定这样，弟弟妹妹受哥哥姐姐的影响通常比较大。哥哥姐姐进入青春期后，弟弟妹妹的情绪也容易有明显起伏。

小 A 的烦恼

小 A 的哥哥读初三，以前两个人经常一起玩。现在哥哥经常关着房门，不理小 A。哥哥还把音乐声开得很大，吵得小 A 写作业都困难。可妈妈批评的总是小 A，而不是哥哥。小 A 认为哥哥表现很差，吃饭都不和家人在一起，还会乱发脾气，责怪妈妈为什么不说哥哥反而来批评自己。

小 B 的烦恼

小 B 和哥哥住一个房间。哥哥最近经常上网打游戏，有时会玩到深夜，还会花钱买装备。哥哥不让小 B 告诉爸爸妈妈，否则就会打小 B。爸爸妈妈觉得哥哥不好管，安排小 B 把哥哥的情况及时转告自己。

小 B 觉得应该把哥哥的秘密说出来，可又害怕会被哥哥打。最近哥哥的成绩越来越差，爸爸妈妈来问小 B，小 B 没说实话。爸爸妈妈觉得小 B 不配合，批评了小 B。小 B 觉得自己夹在中间左右为难。

小 C 的烦恼

小 C 的哥哥上初中了，哥哥不允许小 C 用家里的电脑玩游戏，哥哥自己却可以玩。在所有亲人里面，小 C 最不喜欢的就是哥哥，因为爸爸妈妈说哥哥什么都比他强。听到这些话小 C 很生气，第二天就会在学校和同学起冲突。有时候打同学一下，小 C 感觉仿佛是在打哥哥。

小 D 的烦恼

小 D 的表姐刚上中学，周末回奶奶家住，小 D 也会过去和表姐一起玩。小 D 觉得奶奶偏心姐姐，妈妈也不理解和支持自己。小 D 如果和表姐发生争执，妈妈会认为是小 D 的问题，总之小 D 认为全家人都偏心姐姐。小 D 觉得姐姐像公主，而自己更像仆人。

在很多类似经历中，弟弟妹妹都会受制于哥哥姐姐的压力，尤其是弟弟受制于哥哥的压力，妹妹受制于姐姐的压力。有些姐姐比妈妈还“卷”，对妹妹甚至弟弟要求严格。当女孩们描述她们即将考学的姐姐对自己学习的要求时，压迫感是她们的主要感受。这些状况一方面体现出家庭的压力和焦虑传导；另一方面体现出情绪的踢猫效应：人遭遇负面情绪后，倾向于将其传递给或者说逐渐扩散至更加弱小的对象。最终，最弱小的个体将被家庭负面情绪或压力深深笼罩，并深受其害。成人有了负面情绪，调节和化解的途径和方法相对比较多。

孩子则不然，尤其是小孩子，会将家庭冲突归结为自身原因，比如自己不可爱。

给父母的建议

1. 全家人一起制定家庭使命宣言，其中包括家人相处信条。

父母最初想再要一个孩子的时候，不会是为了给大些的孩子增加竞争者。如果同胞竞争局面已形成，可以通过邀请全家人一起制定家庭使命宣言的方式，讨论爱和相互关心的信条，并将其纳入宣言中。共同约定同胞之间的基本相处规则，平时让规则发挥作用，而不是每一次发生冲突时都得让父母做裁决。

2. 设置每日或每周一对一亲子时间，让每个孩子都感受到唯一的关注和特别的爱。

3. 为同胞之间的合作赋予意义，引导孩子在一定规则下自己解决冲突。

4. 家庭如果有孩子进入青春期，可以考虑领养一只家庭宠物，比如小猫、小鸟，以宠物为媒介拉近青春期孩子与弟弟妹妹的关系。

“看到妹妹被骂很伤心”

——双胞胎与近龄同胞的心灵困境

双胞胎和近龄同胞（相差 3 岁以内），我们姑且将之统称为同龄同胞。他们有着特殊的困境。

在学校心理工作中，有些孩子的情况看似普通，也需要被慎重对待，比如同龄同胞的情形。

双胞胎通常会被安排到相邻的两个班级，有时会在同一个班级。这两种情况下，老师没有太大区别，各科老师一样或几乎一样。中小学同龄同胞之间，容易出现一个甚至两个孩子情绪都不太好的情况，并且这种状况很可能会随着青春期的推进演变成较大的家庭困境。发生这种状况主要有以下 3 个原因。

一是同龄同胞的安全感基础不够稳固，或者说父母对孩子早期养育差异的影响仍在延续。父母同时养育两个婴幼儿的压力是无法想象的。比如我的一个朋友在双胞胎孩子半岁多的时候，曾有一段时间只带一个孩子回老家休养。孩子们会对父母的养育差异做出内在解释，可能会因此积压不安全感和认知偏差。

二是父母做同胞比较会影响孩子的情绪。尤其是入学后，由于学习阶段相同或相近，父母在孩子之间做比较会加剧同胞关系的变化。这种变化不一定是消极的，也可能会让孩子们变得更加相互同情和共同担忧。

三是竞争影响同胞关系。孩子之间最初的竞争关系到生存大事，这种关系可能会延续。他们既是生命“共同体”，同时也是竞争者。

双胞胎的成长困境

> 双胞胎只能希望养育者发挥作用，把他们当作两个人来认识，这样他们才有希望应对困难。当双胞胎长大后，他们对自己的身份更加认同，才可能更加认同对方与自己的长相相似。
>
> ——唐纳德·W. 温尼科特《妈妈的心灵课》

芒果有一个双胞胎妹妹。妈妈对姐妹俩的态度常令她感到不安。妹妹被批评时，芒果很同情妹妹，觉得妹妹没有错。姐妹之间偶尔会发生误会，比如被批评时以为对方在笑自己。暂时安全没被批评的一方，也会害怕妈妈牵扯到自己；不管谁考得更好，姐妹俩都不开心。

我们可以这样来理解：对于多子女家庭的孩子来说，在家庭竞争中胜出或失败可能都不是好的体验，都有可能留下阴影；在多子女的养育中，父母面临着更大的挑战。

芒果有一个疑惑：她只害怕爸爸妈妈批评妹妹，如果其他人批评妹妹，她会比较放松。芒果的这个疑惑说出了很多同龄同胞的心声：

孩子们希望自己被视为独立个体，能被父母分开对待。

双胞胎是一个独特群体，尤其是同卵双胞胎。按照埃里克森的心理社会理论，双胞胎在某些成长方面可能面临更大挑战。温尼科特曾推荐过一位妈妈的做法，那位妈妈在哺喂两个双胞胎婴儿时，分别在不同的地点进行。这个做法令人豁然开朗。如果在建立亲子安全依恋的阶段，总有一个家伙和你分享妈妈；而到了确立自我意识和寻找身份认同的阶段，总有人把你认错，或者说总有一个人好像是另一个你自己。这不能不说是一个挑战。

我在加拿大参加过一个热闹有趣的多胞胎游行活动，游行者从全国各地赶到蒙特利尔。这些不同家庭的双胞胎还会因为参加同一个心理实验相聚。可以说，他们为心理学研究作出了独特贡献。这些实验绝大部分并非着眼于双胞胎的自身发展，而是着眼于人的发展。

双胞胎之间能够相互共情和陪伴，如果父母有节制地介入他们的关系，他们保持良好关系相对容易。如果说同胞竞争天然存在，那么在不同成长阶段，双胞胎之间的竞争会发生哪些变化？双胞胎作为曾经的生命共同体，相互对对方境遇的同情带给我们哪些提示？这些启发父母花更多的心思去思考和尝试。

近龄同胞的成长困境

在这种争斗中，女孩有先天的优势，因为十六岁之前，女孩子的身体和心灵发育都会比男孩更快。所以，哥哥很可能会放弃竞争，变得懒惰颓废。他会用恶作剧或其他低级手段攻击妹妹，吹牛或撒谎就是常见的方式。我们几乎可以确定，这种情况中，胜利的通常是女孩子。

——阿尔弗雷德·阿德勒《自卑与超越》

近龄同胞比双胞胎的境况好一些，因为毕竟不是在一个年级一个班，即使父母喜欢做比较，对近龄同胞间关系的伤害也不会那么直接。但相较于年龄差距更大的同胞，近龄同胞还是会承受更大压力。以我自己的家庭为例，我女儿比我儿子大 8 岁半，虽然这个年龄差有些偏大，但从压力的角度看，孩子们会比较舒服。

同胞之间最好能相差 3 岁以上，3 ~ 5 岁的年龄差最好。这样的同胞组合，第一个好处是：稍大的孩子在 3 岁前能获得充分的爱和陪伴，建立安全感；稍大孩子入园或者说认知能力发展后，稍小的孩子在 3 岁前也更容易获得安全感。第二个好处是：孩子们到了上学的年纪，不容易被用来做伤害性的比较。这样的年龄差能减轻同胞之间的竞争，也能减轻父母的养育压力。当然这不是绝对的，不少家长培养出了关系良好的双胞胎和近龄同胞，但那需要很多的细节处理。

在龙凤胎以及近龄兄妹或姐弟的组合里，儿子可能会在很长一段时间里都比女儿慢几拍，这是自然发展规律，父母应多体谅男孩。上面引用的阿德勒那段话里提到的是哥哥。哥哥尚且如此，弟弟就更没有办法超越了。在家里如此，在学校也是如此。中学和小学莫不如此，教师也应该多体谅男孩。这些体谅起码能帮助男孩顺利完成性别认同。

一位妈妈的对比令我印象深刻。那时她的儿子读高中，女儿读小学中年级，这位妈妈认为哥哥还没有妹妹成熟。我的小邻居犀牛是家里的弟弟，他和姐姐年龄相差不大。下面是他和我的对话片段，我们将从中看到父母的不当卷入怎样影响着同胞关系。

犀牛：姐姐只比我大一岁，妈妈却说我的心智比姐姐小好几岁。在爸爸妈妈眼里，姐姐各方面都比我优秀，尤其是学习成绩，很少会比我考得差。

我：姐姐的优秀和妈妈的评价，哪个带给你的压力更大些？

犀牛：这个问题我从来没想过，应该是妈妈的评价吧。有个优秀的姐姐没什么不好，还能辅导我订正错题。可是有时候，我觉得自己快没希望了。

我：那就是说，你心里是能接受姐姐的？

犀牛：应该是的。

我：没希望是什么样的感受，可以举个例子吗？

犀牛：昨天姥姥、姥爷打来视频电话。姥姥刚生病出院，姐姐就问候姥姥的身体。我一句问候的话也没说出口，妈妈就说我不懂感恩。我小时候是姥姥带大的。上次听说姥姥要住院的时候，我心里也很着急。

我：你是个懂得感恩的孩子，心里面有姥姥。你被妈妈误会了，这让你感到不舒服，又生气又着急。

犀牛：是的。妈妈越是误会我，我越是说不出口。其实我也有长处，我的体育和科学很好。可妈妈总拿我的短处和姐姐的长处做比较，打击我。

我：你希望妈妈以后怎样对待你和姐姐的关系？

犀牛：希望她不要再拿我和姐姐做比较。她越比较，我就越讨厌姐姐，我也讨厌班里的女生。再说我是男孩，她是女孩，我们本来就不一样啊。

给家长的建议

1. 对同龄子女，家长要格外考虑他们的安全感和同胞间支持的需要，不要做同胞之间的比较。

2. 努力挖掘每个孩子的特点和优势，给予每个孩子认同，帮助其顺利发展自我认同（包括性别认同）。

3. 参考“妈妈喜欢弟弟”文后建议。

“我恨爸爸”

——孩子在不良家庭关系中的处境

如果你把家庭看成一个整体，你会看见常常是父母之间有问题，孩子只不过是应召来帮助他们解决问题的。

——伯特·海灵格《爱与秩序》

我们要讨论的家庭关系包括夫妻关系、亲子关系、同胞关系、隔代关系以及父母的原生家庭关系和姻亲关系，我们也可以称之为大家庭关系。

本书主要从儿童成长视角讨论问题，因此在家庭关系中还要强调孩子的依恋关系。依恋关系可能与亲子关系或隔代关系重叠；极端情况下，也可能与同胞关系重叠（例如同胞相依为命）；还有可能孩子的依恋对象来自血缘关系之外，比如保姆。如今很多家庭中也存在着家庭成员与家政人员的关系、家政人员与孩子的关系。如果妈妈或奶奶、外婆和保姆竞争与孩子之间的依恋关系，或者保姆受某个家人的控制，将紧张、焦虑传递给孩子，孩子就会受到一定影响。

所有这些关系中，从孩子成长的角度看，居于核心位置的关系需要依托具体情境才能做出判断——孩子的成长环境千差万别。一般来说，夫妻关系（或者说父母关系）和亲子关系居于核心位置。

孩子陷入三代人关系旋涡

有的家庭是三代人共同居住；有的家庭是核心家庭，也就是小家庭。不管是哪种居住形式，我们面临的关系都存在于大家庭关系里。大家庭关系融洽时，作为第三代的孩子会得到更多关爱和支持。在有遗留问题或现实矛盾的家庭里，有的关系可能比较复杂。关系如果不融洽，孩子就有可能成为不良情绪的“垃圾桶”。

隔代卷入给孩子带来一些挑战。比如有的长辈对孩子学业成绩的关注程度甚至超过孩子的父母，可能会因为孩子的学习问题产生家庭矛盾。这种情况下，孩子会受到更多压力，比如爷爷奶奶和妈妈吵架，爸爸知道后也批评孩子。也可能会发生隔代冲突，比如爷爷不满意孙女的成绩而发生争吵。

有的父母将原生家庭的矛盾转嫁给孩子。矛盾即使看上去并不激烈，也会令孩子更加孤立无援。比如有的孩子虽然经常被父母骂，但还有疼爱自己的长辈。但如果妈妈和自己的父母关系不和睦，不让孩子和姥姥、姥爷见面，孩子就会感到很孤独。有的情况就更加复杂，远远超出了孩子的承受能力。比如小 R 的烦恼。小 R 是奶奶与爸爸关系的“出气筒”，夹在他们俩中间感觉很累。奶奶会向亲戚告状，亲戚因此指责小 R 对奶奶不好，这令小 R 感到很烦恼。

有的家庭将姻亲关系的矛盾传递给孩子。比如有的亲家之间关系不和睦，彼此心中埋下怨恨。等到第三代长大一些，奶奶或姥姥会将这种情绪传递给孩子，希望孩子认同自己的看法，将孩子置于工具人的位置。这时孩子会感到十分为难。

下面 3 个例子中，孩子的烦恼来源于婆媳关系和隔代关系。

小 S 的烦恼

小 S 的爸爸妈妈结婚时，奶奶和妈妈为一些事争吵了好久。奶奶认为妈妈是个自私的人，小 S 不知道奶奶说的到底是不是真的，疑惑为什么奶奶和妈妈的关系会变成这样。这件事经常影响小 S 的心情，小 S 变得郁郁寡欢。

小 T 的烦恼

小 T 从小和外婆关系很好。几年前，外婆去世了。最近外公交了一个女朋友，小 T 认为外公这样做是对外婆的背叛，为此感到非常难受。

小 U 的烦恼

小 U 得到了姥姥、姥爷的疼爱，只要有事老人就会过来帮忙。小 U 认为爷爷、奶奶对自己不好，他们只在自己很小的时候来照顾过，之后就没再来看过自己，平时也不和自己联系。

可以看出，上面有些信息不是孩子直接觉察到的，而是家人传递的。但孩子可能会全盘接收传递给自己的间接信息，或者虽有疑问但深感无力，还产生了各种消极情绪，影响了身心成长。

亲子关系：亲职化和共生关系

亲职化是指父母和孩子角色颠倒，孩子要反过来照顾父母的情绪情感或生活需要。比如有个孩子和妈妈一起生活，说自己的心被妈妈“整没了”。孩子这个用词非常形象，“整没了”是指没有心思考虑自己，全部心思都在妈妈身上。妈妈总是生气，孩子还得哄妈妈高兴，给妈妈捶背。比起害怕妈妈打，孩子更害怕妈妈身体会变坏，因此尽量不对妈妈提意见。这个孩子显得比同龄人成熟不少，自己的问题尽量自己解决，瘦小的身体还要承担很多家庭责任。将孩子和自己关系倒置的母亲通常和自己的母亲有着充满强烈焦虑和矛盾的关系，童年时期没有享受到充分的爱与照顾。

亲子共生也是一种控制型的亲子关系，即亲子之间界限不清晰，彼此纠缠，纠缠的背后是母亲的分离焦虑。每个人在婴儿期都曾与母亲（也可能是其他人）有过融合共生关系，婴儿期开始的分离个体化过程被视为一个人心理的诞生。这个过程如果顺利推进，孩子就会逐渐获得更多的自主性和独立性，最终顺利完成亲子分离，成为独立个体。如果妈妈把孩子变成满足自身情感需求的人，不断把自身情绪传递给孩子，孩子就会在不知不觉中成为妈妈的亲密伙伴，产生“共生关系”。将来的分离会浸满两个人的痛苦——母亲将自身的分离焦虑通过共生方式传递给了孩子。

我们来讨论母子亲密、父子疏离的情况。也就是说，妻子和丈夫情感疏离，感到失落和没有价值，便紧紧抓住和控制孩子，甚至无意间造成孩子出现问题，吸引丈夫注意，挽救家庭；也有可能是母亲独自抚养孩子，将自身焦虑和不安全感传递给孩子。这种情况下，孩子变成满足妈妈隐秘心理需求的工具——填补妈妈的情感空缺，承担妈妈的情感寄托，甚至成为妈妈的情绪伴侣。这些孩子往往精神负担沉重，被缺席的父亲和焦虑的母亲拖入了疑虑甚至罪疚的泥潭。这些小大人的成长经验就是要不断去满足父母的需求和欲望，而将自己的需求放到最不重要的位置。

共生关系中，亲子之间不一定步调一致，有可能是一方需求更多共生关系，比如占据主导地位的父母。但只要这个纠缠过程足够持久，孩子终将无力摆脱。

来看看下面两个例子。

妈妈和青春期儿子的共生关系。妈妈决定儿子的日常安排，儿子依赖妈妈并有严重的分离焦虑。有一天，儿子喜欢的一个女孩向自己表白，儿子很动心，同时又十分痛苦，最终拒绝了女孩。对于这个男孩来说，想要独立，就要冒着被妈妈抛弃和失去其支持的风险；恐惧失去妈妈，就要拒绝自己的分离倾向。

妈妈和女儿共生。女儿严重依赖妈妈，同时感觉到妈妈也无法离开自己。内心冲突长期无法解决，最后退学回家守在妈妈身边。这样的孩子容易患某种恐惧症。德国心理治疗师贝贝尔·瓦德茨基在《不稳定的自尊》一书中这样描述共生家庭中的女儿。

“她们担心，如果她独立就会死；或者她们害怕，如果她与别人分离，那人就会死。如果生活只能是融合共生的，那么摆脱他人就会使人体验到死亡。尽管这些女性理智上很清楚她不可能杀死别人，但一旦与别人疏远，她就会产生自己真的在杀人的感觉。如果她能从这种感觉中摆脱出来，就不会对自主和走自己的路感到害怕。”

处于共生状态的孩子可能会变得胆怯、恐惧、犹豫、自卑，依赖，这些反过来引发了妈妈的不安，妈妈的不安又会强化孩子的负面感受。

资深心理咨询师张沛超博士认为，如果在原生家庭里，我们的角色得到充分的成长和分化，那就更能放心大胆地接纳或者整合自己的新角色。

父母关系不良对孩子的影响

首先要给父母一点重要提醒：千万不要让孩子记恨或攻击你的配偶。卷入不良父母关系的孩子将来会遍体鳞伤。张沛超在《过好一个你说了不算的人生》中这样分析："孩子会忠于家庭，既忠于他的母亲，又忠于他的父亲。如果父母之间有激烈的冲突，他甚至会忠于激烈的冲突。这带来的表现就是他的内心经常充满着激烈的冲突。"

本书第五章将专文探讨父母争吵对孩子的影响。下面我们探讨其他情形。

父母教养方式不一致

父母教养方式不一致的情况比较多见，通常会引发三种局面。第一种，父母逐渐调整整合教养方式，彼此变得较为协调一致。第二种，彼此对立。比如一方家长要求班主任和孩子的另一方家长沟通孩子的学习情况和调整建议，彼此难以相互认同和直接沟通。第三种，关系决裂。父母之间彼此完全不认同，一方选择放弃对孩子的教养，甚至离家或结束婚姻关系。上述后两种局面如果出现，亲子共生或亲职化就有可能发生。

父母之间有冷暴力

冷暴力就像一块冰，会把孩子的心冻伤。

小 V 的烦恼

小 V 发现爸爸对自己和妈妈态度冷淡。爸爸很少参加自己的生日聚会，也不准备生日礼物。妈妈很关心自己，对工作和生活付出很多。爸爸不管家，平时工作忙，回家很晚。小 V 不想要这样的爸爸。

小 W 的烦恼

小 W 从小和姥姥一起生活，刚要回自己家上学，爸爸又被派去外地工作。小 W 和妈妈很少见到爸爸。最近爸爸妈妈可能要离婚，小 W 觉得这是因为自己不可爱。小 W 体谅妈妈的不容易，心里很恨爸爸。

小 X 的烦恼

小 X 和爸爸都要听妈妈的话。妈妈有时候会对着小 X 数落爸爸的缺点，小 X 希望妈妈说的有些事情不是真的。小 X 以前觉得爸爸很了不起，现在没有这种感觉了。小 X 认为父母关系不和睦是他们以前匆忙结婚导致的，自己将来不会这样。

除了婆媳之间，有的夫妻中的一方也会把当初结婚时的不快一直压在心底。这些被隐藏的情绪像个定时炸弹，说不定哪天就会引爆，把孩子吓坏。

父母之间有身体或语言暴力

与那些父母争吵家庭中的孩子相似，身处暴力家庭中的孩子也会生活在焦虑和恐惧当中，害怕爸爸妈妈打架。看到家人或同学打架，有的孩子会努力从中间把他们分开，就算学校里发生的同伴冲突和自己无关，有时也会这么做。

父母之间的语言暴力对亲子关系伤害很大。有部电影叫《万箭穿心》，女主角是中学男生马小宝的妈妈，她经常对小宝的爸爸使用语言暴力。孩子考上大学后，身心积聚了新能量，因无法原谅母亲对父亲的伤害而断绝了母子关系，把妈妈轰出家门。

父弱母强或父强母弱

父强母弱和父弱母强都对孩子有不良影响。当然在一个家庭里，夫妻双方不可能始终力量均衡，更多时候是一种动态平衡。一方太强或太弱，孩子的内心就会起冲突。

在父弱母强的家庭里，儿子受到的不利影响比较大。尤其是到了青春期，父亲对儿子的影响更大，父亲比较弱，儿子也容易弱，可能会惧怕女性。如果家里只有儿子没有女儿，父强的好处大过母强。比如有些男孩会担心父母吵架时爸爸会屈从妈妈，这样的情形对比会在男孩心里引起波澜——有朝一日长大成人，将为爸爸撑腰。

在父强母弱的家庭里，女儿容易形成讨好、自卑的依从性格，儿子可能会比较有力量。以前的传统家庭关系大多如此，是男权社会的一个体现。和男孩对父弱反应类似，女孩也会担心父母吵架时妈妈让步。妈妈如果处于弱势地位，女儿可能会替妈妈难过；妈妈如果处于强势地位，女儿可能会给妈妈点赞。

父母分居或离婚

离婚全过程都对孩子有影响，包括分居或冷战热战（离婚前）、离婚时和离婚后一段时间。离婚后，仍然存在发生冲突甚至冲突升级的可能。那样的话，孩子忍受的父母纠纷可能比非离异家庭的孩子更多。

有的父母离婚后关系很差。有个孩子在父母离婚后一直见不到妈妈。有一次爸爸出差了，孩子就趁机在学校捣乱犯事，希望借此机会见到妈妈。还有的孩子在父母离婚后被一方父母及其家人严加保护，竭力避免被另一方父母探视。有的家长甚至告知班主任不能在孩子面前提及前配偶。这些处理方式无疑会给孩子造成很大的心理负担。

有些律师事务所在处理婚姻法律纠纷中聘请了心理顾问，以提高处理效率，减轻对孩子的消极影响，这种方式值得借鉴。我们知道关系是可以建构的，当婚姻问题乃至婚姻破裂无法避免时，父母双方可以考虑用建构的方式重新讲述亲子关系，主要是建构自己以及对方对孩子的爱。我们来体会一下孩子的感受。

小 Y 的烦恼

小 Y 的父母离婚一段时间了，每周末爸爸都会来看望小 Y。小 Y 觉得爸爸人很好。课堂上，小 Y 经常走神，反复思考爸爸妈妈为什么会离婚。

小 Z 的烦恼

小 Z 最近快要升学了，爸爸突然又搬回家住了。爸爸去年就搬走了，那时小 Z 好希望爸爸能很快回来。不过现在，小 Z 宁愿爸爸不要回来住。因为爸爸和妈妈还是一见面就会吵架，家还是冷冰冰的，小 Z 在家感觉很紧张。

父母离婚也会影响孩子的同伴交往。父母关系带来的不安全感也会传导到孩子的同伴交往中，孩子可能会出现服从和受控制的倾向，不敢反对对方的意见或决定；会感到紧张不放松，担心失去朋友；也可能会出现叛逆行为。

给父母的建议

1. 不要把孩子卷入成人之间的是非恩怨中。成人之间的冲突如若传导给孩子，将会成为孩子的内在冲突。孩子完全没有能力化解，只会成为沉重负担。

2. 不要为了破坏孩子和某个家人的关系而拉拢孩子，这会让孩子成为亲人冲突中的工具，孩子会痛苦不已。

3. 设置家庭幸福日记本，每天每个人写一句记录幸福感受的话。

4. 孩子如果和一方父母一起生活，应保证孩子能与另一方父母有规律地团聚。

5. 其他请参考“我要等爸妈和好 1 小时后才能心情好转”一文的建议。

“姥姥对男孩很不友好”

——孩子对家庭中重男轻女现象的感受

只有孩子觉得彼此平等的情况下，人类才会准备好对全世界有兴趣；只有男孩和女孩之间彼此平等，两性之间的关系才不会遇到严重问题。

——阿尔弗雷德·阿德勒《自卑与超越》

重男轻女的思想从未断绝，古今中外皆如此。在我使用的国外参考书中，很多都讨论过崇拜男性、男尊女卑观念引发的问题。作家莫言在《丰乳肥臀》里，给 7 个女孩取的名字都带“弟”字，这些名字刚出现时都把我看晕了。我想起我小学时，班里有个女孩名叫“改弟”，竟然和这 7 个女孩并不重名。我那时不明白女孩的名字里为什么会出现“弟”这个字，妈妈解释后我才明白。

孩子和受过重男轻女创伤的母亲之间的关系

目前在读中小学生的父母基本是“70后”和“80后”。在这个群体中，持重男轻女观念的人口比例相较以往会低一些，但受过重男轻女创伤的妈妈依然不少，或者说这种创伤仍未在家庭内部结束循环。

初中女孩柠檬颇有智慧，她联想到自己和妈妈的成长有某些相似之处。外婆曾告诉柠檬，她小时候经常挨打挨骂，而哥哥却得到妈妈的宠爱；成年后，家里的事没人找自己商量，哥哥仍旧得到宠爱。妈妈告诉柠檬，她小时候经常被外婆打。以前外婆住在柠檬家，有时会和柠檬的妈妈吵架。外婆返回老家后，妈妈很少和外婆联系。妈妈也会和柠檬吵架，以前还会动手。妈妈很关注柠檬，只要柠檬在家，妈妈没事就会一直守在她身旁，关心她的学习和身体，不断提醒她要做的事情。这让柠檬感觉很不舒服。

通过这个故事，我们能更好地理解这样的家庭和家庭中的女性。在这个大家庭里，三代人都处于“强迫性重复”的循环。《不稳定的自尊》一书的作者贝贝尔·瓦德茨基给出的解释是：在重男轻女家庭中长大的女性自恋者，潜意识里希望自己的痛苦能被子女体会和认同，因此会导致代际重复。

想生女儿的家庭很多。大部分时候，大家会认为这样的想法不存在性别歧视或者说性别认同问题。但也有像柠檬的外婆和妈妈这样的情况，她们对自身性别认同感较低，原本想生个女儿好好宠爱，以弥补自己的创伤，可实际上并不容易做到。如果母亲在这方面创伤很深，儿子甚至作为一家之主的父亲乃至第三代男孩的日子可能都不会太好过，会深受其害。甚至可以说在这样的家庭里，男人和男孩受到的伤害往往比女孩更加严重。一个男孩敏锐地发现了这样的家庭秘密：姥姥对男孩很不友好，舅舅小时候总被打骂，现在又轮到自己和妹妹被姥姥区别对待。他感到自己就像小时候的舅舅一样孤立无援，唯一能理解和安慰自己的人只有和他同病相怜的舅舅。

如果妈妈童年时期在有严重重男轻女观念的家庭中长大，她们的儿子出生后，有的会被她们一再推开，推给其他家人照顾，导致这些男孩的安全感非常差；这些男孩的姐妹出生后，妈妈则会亲自带。然而不难想象，这些妹妹将来和妈妈的关系也不会太好，就像柠檬的家庭那样。有的妹妹可能还会为妈妈对哥哥或弟弟的不公平而难过。结果可能是：儿子对妈妈和姐妹充满敌意，女儿对兄弟和爸爸饱含同情。这些妈妈和爸爸的关系通常也不会太好，因为她们从小对男性的认同是扭曲的。

受过重男轻女创伤的妈妈对待儿女态度的异同

对待女儿的态度	受过重男轻女创伤的妈妈对待儿女的共同点	对待儿子的态度
可能重视	情绪不稳定，难以共情子女	可能轻视或忽视
可能拉近身边	区别对待子女 亲子关系容易出问题	可能从身边推开
饱含怜爱和挑剔	可能造成儿女性别认同或人格发展方面的问题	可能含有敌意或回避

这些受过创伤的女性容易对自己的女儿甚至外孙女表达高期待，提出高标准，似乎这样能抬高自己作为女性的价值，也因此会承受较大压力。母亲和女儿都是如此，自我接纳度和价值感不稳定，取决于外在价值判断。

父母重男轻女，儿女两极分化

父母重男轻女，将会面临什么结局？重男轻女的教养方式不仅会伤害女孩，实际上也影响了男孩的发展。等这些女孩、男孩成为父母，女孩就会成为前面故事里的创伤体，男孩的境遇也不会太好。

两位从安徽农村来的大姐给我讲述了令人伤痛的往事。她俩都生了4个子女，都是只有老幺是儿子，并且亲子关系都不太好——年轻时为了养家、躲藏，和孩子们长期分离。其中一位大姐创伤严重。当年为生儿子东躲西藏，有时天黑就藏到玉米地里。她的儿子已成年，但至今她仍很怕黑，不敢走夜路，睡觉不能关灯，睡眠极差。她们的丈夫则选择了回避往事、沉默生活。可见重男轻女的父母也伤害了自己的身心健康，尤其是母亲。

在重男轻女的家庭，父母对女儿有较多的身心折磨——非打即骂或情感忽视。这两位安徽大姐在女儿年幼时离家，没能给孩子安全依恋，母女关系生疏，父女关系更加疏离。她们的女儿成年后经常抱怨她们，母女关系比较紧张。

从情感剥夺的三种形式看，这些家庭中的女孩承受了大部分甚至全部伤害。

第一种养育剥夺：这些女孩幼年时无人关注和支持，未得到爱的陪伴；

第二种共情剥夺：这些女孩无法表露自我和分享情感，缺少被理解和被倾听的机会；

第三种保护剥夺：这些女孩缺少来自他人的力量支持。

近些年生育政策放开后，这两位安徽大姐的经历不会再上演，但重男轻女的父母还是会伤女儿的心。一次偶然的机会，我发现了这样一个伤心的女孩。她是家里的第二个女儿，她在一张纸上写满诸如“为什么我是女孩？”“为什么我没有兄弟？”“为什么有人认为女生学不好理科？”这样的问题。

现在想来，改弟应该是我最早遇见的伤心女孩。那时，我们住同一条街上的女同学几乎都是好朋友，除了改弟。每天放学后我们相互把顺路的同学送回家，住得远的同学通常好伙伴更多。改弟住得比我稍远些，但她一路上比较沉默。至今我们已多年未见，不知道她有没有改名。背负这样一个名字过一生，未免太沉重了。在类似家庭里，“计划之外”的女孩可能会接收到更多“你不受欢迎”的信息，这些信息会深刻地影响她们的性别认同和人格发展。当然也不排除重男轻女的父母的儿女接触心理学，凭一己之力扭转局面的可能。

作为家里的男孩，儿子可能处于另一个极端。年幼时，儿子可能养尊处优；成年后，责任感和能力方面通常不很乐观，父母年长后一般指望不上儿子。相较于女儿的性别自卑和低价值感，儿子容易轻视女性价值，重视男性价值。儿女成年后，妈妈去儿子和女儿家表现不同：在儿子家可能会自己做饭，并且不会挑剔；在女儿家可能会百般挑剔。也就是说，儿女成年后母子关系依然不平等，在儿子家母亲地位低，在女儿家母亲地位高。这一点和童年时期没有太大分别。

重男轻女家庭中未成年儿女心理发展差异

女儿	儿子
自卑，缺乏安全感	自负（成年后可能在自卑和自负之间摇摆）
承受情感剥夺	获得关注，可能被溺爱或提出高要求
自我价值感低，对男性态度矛盾	自我价值感高，轻视女性价值

给父母的建议

1. 检查家庭是否有否定或强化孩子性别价值的信息。

2. 给自己的爸爸妈妈分别写一封感谢信。

3. 有过重男轻女创伤经历的妈妈尝试多接纳自己和自己的经历，尽情流泪，然后尝试重新选择一种生活态度和相处方式。虽然这确实有些困难，但中断这种代际传递有特别且重大的价值和意义。

4. 可参考使用外化技术（请参见“越被比较心越慌”一文的介绍），与内心纠结的问题对话。

5. 建议尝试心理咨询。

阅读体会

关于自己

关于孩子

第三章

孩子想做的反抗

“我又多了一个仇敌”

——体罚的阴影

体罚从表面上看，伤害的是孩子的肉体，其实伤害的是孩子的心灵。体罚对孩子心理上造成的阴影非常大，它还会让孩子崇拜武力，崇拜强权。所以，当孩子一旦自身有了这种武力、这种强权的时候，他也会再用这样暴力的方式对待比他更弱的人。而且体罚还会造成孩子为了逃避惩罚而说谎等行为。

——朱永新　艾伦·麦克法兰《教育的对白》

秋秋的故事

很快，秋秋的“仇敌”同伴人数将要升到两位数了。“仇敌”们对此并不知情。其中，一半“仇敌”是他在观察对方一次眼神、动作后确定的。进入秋秋的“仇敌”名单比较容易。比如秋秋在一次完美发言后看到后桌同学“两只胳膊合抱着，面无表情”，该同学便成为秋秋的“仇敌”。一般情况下，学生回答完问题并不会回头看后面的同学。秋秋比较警觉。

这些名字在名单中停留的时间也比较长，多数已持续了一个学期。待得最久的一个同学，一年前就进入了名单。删除名字需要的确认方式比进入名单时复杂。我和他梳理了“仇敌”种类，他将似是而非的同学归为“待确认”，并确认了“重点仇敌”——和他发生过口角的 2 个同学。

秋秋在班里也有伙伴，但友好关系比较短暂，通常仅能维持几天到几周，不及“仇敌”关系久。同伴之间的关系大多在友好关系－裂痕关系－友好关系之间波动，秋秋则会将同伴直接从友好关系名单拉入敌对关系名单，并停留于此。

怎样理解被体罚的孩子

从秋秋的故事里，我们看到了体罚对孩子情绪和同伴关系的影响。

根据联合国《儿童权利公约》中的阐述，体罚是对儿童人身权利的一种侵犯。《发展心理学：从生命早期到青春期》一书引用的体罚定义是：“为了达到改正和控制儿童行为的目的，对儿童实施的旨在引起其身体疼痛而非伤害的行为。”

对于经常遭受体罚的孩子而言，身边其他人也像体罚他们的家人一样令他们感到不安。他们通常比较留意身边人的表情和身体语言，这是日常亲子相处中养成的习惯。比如放学时和在家里，他们要随时观察家人的表情，以便猜测当天的生存境况并做些应对准备。一方面，这些孩子确实注意察言观色；另一方面，他们赋予“言”和“色”的意义通常和实际情况有偏差——那些来自同伴的“言”和“色”是他们按照家人的反应理解的。这些孩子对此抱有某种热情：发现同伴的“敌意”时似乎感到些许兴奋。

经常被打的孩子对肢体接触尤其敏感，这是由于他们在肢体接触中有诸多不良体验。和同伴发生肢体接触时，有的孩子会想到打自己的人，突然就会很生气，会不自觉回击；有的孩子则会下意识地躲避。表面上，我们看到的是他们对同伴的动作产生了误解，比如被一个同伴拍拍肩，孩子就做出了对抗和回击。和这些孩子相处，我们要尽量保持陌生人际距离，即使在团体活动中，带领者也要注意这一点。比如一个孩子说：“当同学靠近我时，我感到的是威胁，好像爸爸来到我身边的感觉，不由自主地想动手。后来同学向我解释是想找我一起玩，或者拍拍肩膀引起我的注意。这些解释我觉得很不可信。没准他们确实只是想接近我，但我觉得不舒服。如果他们能和我保持稍微远一点的距离，我会更加放松。”

有一次外出学习中，我遇到了一位创伤很重的成年女性。她从小被寄养在姥姥家，姥姥对她的家暴非常严重。她的孩子出生后，在家里面，她和老公、孩子的床保持着比较远的距离。学习那天，我们俩的座位是挨着的。她对于“这么亲近的距离”感到十分紧张，也无法接受和我一起吃午饭的邀请。不论做出多少自我修复的努力，身体记忆都无法消除。这种情况更加严重，属于身体虐待，并叠加了心理虐待。

孩子的情绪也会受到多方面影响。这些孩子在家中处境艰难，大脑、肢体都比较紧张，经常魂不守舍，坐立不安。一个孩子在回应被父母体罚前的感受时抛给我一个反问：“要是您，能不一直担心被打吗？”这个孩子在学习上长时间没有起色，可如果有同学受困于和父母的关系或是担心父母之间的关系，他能很快给出3条建议。“爸爸到底什么时候打我”“妈妈什么时候骂我”的惶惑不断在脑中盘旋。被打骂的不确定感如此折磨人，以至于有时孩子会主动犯错，使不确定的遭遇变得确定，好早点松口气。

恐惧过后，接下来的情绪是生气或内疚。好一些的情况是谁打骂自己就生谁的气，并为此感到屈辱，比如有的孩子为自己和父母的不平等而生气，抱怨父母。糟糕的情况是生自己的气，认为是自己不够好才惹得家人生气，比如有的孩子会说：“爸爸妈妈辅导我功课，我不认真的时候，妈妈或爸爸就会打我。我真没用！”有些孩子比较维护父母，不想或不敢说父母的不好，即使被打，依然觉得父母很辛苦或父母没有错。这种内疚感的不断积累会造成更低的自我价值感，孩子会变得悲观消极。孩子还要用一些时间来自我安慰，接下来的几天在课堂上仍难以释怀，而不是父母认为的打骂完事情已经结束。

孩子的焦虑和恐惧情绪容易泛化，面对一般的情境也会感到紧张不安。被暴力对待的孩子内心安全感缺失、恐惧感很重。一些孩子在读小学中高年级期间已在渴望或寻求加入小团体，通常是结交比自己年长的学生，以增加自己在想象的敌意环境中的安全感。孩子们内心所受的冲击、刺激如果很强，还会将内心的恐惧不安投射给外界，对较小的意外反应过度。比如有的孩子会说“下车时洒水车突然出现”“意外被撞了一下头”这样的“危险的意外”。创伤更重的孩子可能会讲诡异事件。总体来看，家庭暴力创伤影响孩子的认知和情绪，严重的会造成感知觉和记忆的扭曲，恐惧和死亡情绪泛化蔓延。

“别人都要跟我作对”的看法在有抑郁情况的孩子中很普遍，常挨打的孩子不仅容易产生这种冲动看法，还能把这种看法变成现实——将其他孩子引入他们“预期”的冲突模式。在学校里，随着这种想法而来的很可能是连绵不绝的同伴冲突。比如几个孩子不约而同地向我描述了同一个男孩，说他总是在同学面前各种比画、挑衅，直到被生气的同学们追着不放。也有的孩子以内心冲突为主，外在冲突表现不明显。即便如此，他们仍然认为同学和自己作对的事情已经发生。比如一个孩子和同学并未发生争执，但会说“玩游戏的时候，全班同学都在针对我”。如果和这个孩子坐下来细数，最后往往也只能确定是一两个同伴在针对自己。

我们看到，孩子会选择向外（他人他物）攻击或向内（自己）攻击来处理自身消极情绪。没有绝对的单一方向，通常是兼而有之。《教出乐观的孩子》一书作者马丁·塞利格曼认为，家庭暴力下的孩子善于察言观色，容易成为霸凌者。这一点在中小学校园里都能观察到，这些孩子可能会把日积月累的攻击性转嫁到弱者身上。有的孩子还会发展出隐藏形式的攻击，比如关系攻击，可能会不断否定同学的某些表现。还有的孩子，尤其是女孩子，将来容易被伴侣折磨，重复自己在原生家庭中的景象；另一方面，对自己的孩子，她们很可能会伸出拳头。有的孩子表面看是向外攻击，其实也包含着自我攻击的成分，比如容易表现出自我价值感低的倾向。身体的安全是最起码的生存安全，打，本身就是对一个人的否定，如果还有语言贬低或其他责罚，孩子的境遇就更加艰难。因而我们也可以这样理解孩子：因为自我价值感低，才更容易对别人的态度做出消极猜测。在《原生家庭生存指南》一书中，奥利佛·詹姆斯这样描述受虐向施虐的转变：“就身体虐待而言，大多数的施虐者都遭受过虐待……其原因可能是，受虐者无法摆脱那段经历，会在脑海中反复回放，重复过去的经历，希望这次能有一个不同的结果。重复的形式可能是，受虐者让自己再次处于那种受虐的处境，例如，遭受过虐待的女性之所以特别容易找一个施虐的伴侣……是因为她们希望，这一次她们能够改变施虐者——有一个‘快乐的结局’。对于遭受过虐待的男性来说，更常见的情况是，他们会从受虐者变为施虐者。通过这种转变，他们可以把内心强烈的愤怒发泄出来，同时也有一个不同的结果，他们不再是童年时那个充满了愤怒、绝望和羞辱的受虐者。”

对危险的恐惧和不确定感占据了孩子的身心，导致孩子无法平静地应对学习。时常受父母苛责和惩罚的孩子面对拒绝和惩罚时很脆弱，容易产生敌意归因偏见，甚至面对平常的反应也会如此。也就是说，孩子面对朋友时，也在寻找着自己的影子。各种负面情绪翻涌不断，孩子留给专心学习的精力就很有限，一半精力能用于专心学习已是极限。很多打骂指向孩子的学习，比如孩子说“爸爸妈妈每天给我留家庭作业，不会做也不能问，不然只能得到打骂。有一次问了爸爸一道题，手就被打了几下。”这样的父母容易愿望落空——孩子的学业表现可能会不尽如人意。如果我们理解了孩子的处境，就该坦然接受这样的结果。棒打不仅难出成绩，更难出孝子，对亲子关系损害很大。

这些孩子的课堂表现也不尽如人意。比如秋秋，他在课堂上很难保持一次超过 10 分钟的专注时间，教师根据其注意力节奏做出积极提示。这种表现有时令人疑惑这些孩子是不是有多动的情况，有研究认为注意力缺陷多动障碍与早期养育方式有关。如果长期体罚孩子，会在较大程度上影响孩子的大脑发育，损害其注意力的发展。课堂对于他们来说是最放松的时空，甚至比课间活动更有安全感，虽然这种放松里仍有紧张。寻求压力的释放，“寻找”同伴冲突，大脑回放亲子冲突，这些都容易造成他们在课堂上十分活跃。常被父母打骂的女孩，课堂表现有差异。她们当中课堂表现活跃的比例低，以生闷气为主，尤其是遭受语言暴力的孩子，表面上看不出注意力不在课堂，她们偶尔也会在学校爆发情绪，总体来说相对压抑。有的孩子则能找到出口，比如向小伙伴倾诉。

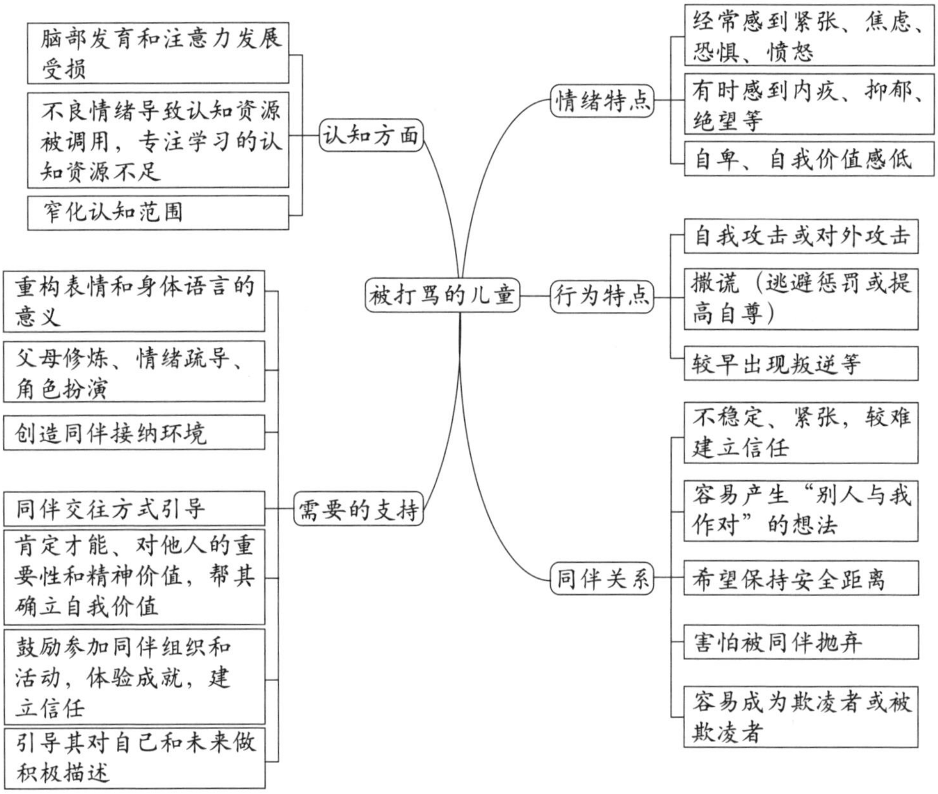

被打骂儿童的特点和需要的支持

童年受到的虐待越多，程度越严重，孩子将来患精神疾病的风险就越大。长期生活在恐惧和压力中的孩子，身体状况也不会太好，比如经脉不通畅。极端的情况，可能会引发严重的脑部疾病。

怎样帮助被体罚的孩子

学校层面可以做些尝试，帮助孩子们更好地成长。较为有效的做法是在学校里为他们找两个同伴（姑且称之为“影子天使”）做支持，时常从小处肯定他们，询问他们对肯定的感受，听他们表达日常情绪感受，并讨论他们和场景逻辑表现隔离时的感受。比如，一个当守门员的孩子输球了，“影子天使”为此感到遗憾时，守门员孩子表现得似乎无所谓。这些孩子的同伴关系通常不太好，较难从同伴那里感受到善意，或者即使感到善意，可能又会觉得自己不值得同伴这样对待。当“影子天使”找不到这些孩子的优点时，我会鼓励他们回到当下，比如仅仅反馈上衣整洁这样的细节。“影子天使”尝试后，通常都能体会到被支持的同伴对自己的敌意有所减弱，从而会更愿意去做这件事情。

角色扮演多数时候也是一项有益尝试。我和孩子扮演过他们和同伴的冲突场景，比如同伴弄脏了裤脚。我扮演同伴，呈现故意和非故意两种场景，孩子表达感受、作出判断；接下来我们交换角色，孩子扮演同伴，我扮演他们。之后孩子再次表达对这件事的感受，并回顾在以往冲突中的感受。他们不断表达感受，我不断重复他们的感受并询问同伴的感受。然后我问孩子发现了什么。有的孩子会说每一次冲突都让他们生气和不能安心，令他们难受，可“仇敌”们既不知道他们的难受，更不可能和他们一样难受。最后有的孩子概括为多一个“仇敌”就多一份难受，树立“仇敌”首先难受的人是自己。我也推荐父母和孩子在家里做角色扮演游戏。

此外，还有两项工作能帮到这些孩子。一项是对表情系统和身体语言做出新的解释，我们也称之为社交信号识别练习。我找到一套表情脸谱和秋秋练习，尝试带他构建新的理解。另一项是同伴交往方式引导。比如我和秋秋共读了赞美和感谢主题的交往绘本，他当即给出正向反馈。成长中的生命经常给人惊喜，“秋秋们”就是这些成长中的生命。

家校沟通重要且必要。孩子被父母打骂通常不会在学校主动讲出来，尤其是10岁以上的孩子。即使偶然讲出来，他们仍担心且抗拒老师约见父母，担心再次遭受惩罚。孩子通常会这么说：“您最好别和我家长见面。我家长肯定不会承认打过我，还会找出我更多问题，下次可能还会打我。”有些家长会否认打骂过孩子，还可能因此对学校产生对立情绪，这些反应和家长的自身成长有关。无论如何，学校发现后会第一时间联系家长确认和访谈。家校沟通是一项有挑战的工作，也是个情感活儿，学校有时还需要积极应对家长的否认（有的家长一开始难以承认自己体罚过孩子）。教师的做法一般是欣赏和理解家长，和家长结盟，再开展相关教育（包括法律教育），并和家长一起探讨着眼于促进亲子关系和孩子健康成长的日常相处方案。

对于儿童成长来说，学校也可以被视为社会系统的一部分。尤其是近些年，校园环境承载了不少社会问题。我们习惯说家校社共育，那么在教育孩子时三者之间到底应该是什么样的关系？校园和社会的交集比以往增多了，这显示出一种进步，但也传递出一些焦虑。

社会层面对改善儿童境遇的支持令人欣赏和期待。尤其是在开展大众和父母教育方面，社会力量大有作为。目前国内对未成年人的保护在法律层面已比较健全，但有的内容执行起来仍有难度，比如保证休息、娱乐、体育锻炼时间的规定。社会教育有待进一步加强，比如侵害未成年人案件强制报告制度在社区、学校等的进一步普及，应向未成年人及其主要关系人普及。这些工作在不同地区和系统普及程度有别。

家庭层面的努力同样令人欣赏和期待。父母做了很多完善自身的努力，父母有了成长，孩子才能有更好的成长环境。父母还可以了解和熟悉与未成年人保护相关的法律法规；每晚与孩子见面前尝试做10分钟正念练习，也可以邀请孩子一起做。家人还可以一起制作提示板，比如写上“停”“离开现场”或者情绪冲动时的其他提醒（可尝试并调整），父母冲动时孩子把提示板拿到父母面前。建议实施体罚的一方父母挑战21天不打孩子。此外，推荐阅读《由内而外的教养：做好父母，从接纳自己开始》一书。

“妈妈骂我比打我更让我难受”

——常见语言暴力与孩子的感受

孩子的悲观，有一部分是来自他所接触及尊敬的成人，如父母、老师。孩子就像海绵，他们不但吸收你所讲的话，也吸收你讲话的方式。所以，帮助孩子的方法之一就是你自己先获得拒绝悲观的技能。

——马丁·塞利格曼《教出乐观的孩子》

语言暴力很容易影响大脑某些功能区的发育。儿童、青少年如果有做脑部手术的情况，容易让人联想到孩子是否遭受了长期情绪创伤。此外，语言暴力还能给孩子“洗脑”。在少管所里服刑的未成年罪犯，很多都遭受过父母的语言暴力。他们真的变成了被父母用“语言塑造”的坏孩子。奥利佛·詹姆斯在《天生非此》中这样说：“如果我们曾遭受虐待，就会产生严重的悲观情绪，而这会决定我们感受整个世界的方式。它们会顽固地留在我们身体内部，变成我们的一部分——因为孩子们对抗这种悲观情绪的方式就是将这种情绪在与其他人的相处中进行重演，包括幼年时与兄弟姐妹和其他同龄人相处，以及长大后与恋人、同事或者朋友相处。”

我们来讨论较常见的几种消极语言方式。这些状况发生时，我们距离平等和尊重渐行渐远，距离欣赏和支持更加遥不可及。孩子的心灵尚未发育成熟，容易产生自罪心理。消极情绪可以在成人之间适度表达，当面向家里最弱小的孩子时，这些表达应慎重考虑。

贬低

“很多父母会这样做，实际上是因为自己的健康自恋不足，他们需要通过贬低别人来满足自恋，特别是贬低自己的孩子，因为这是最方便和最没有危险的。”曾奇峰用这句话启发父母应该探索自己的课题。孩子在被贬低之后期待的后悔、道歉很难到来，因为自恋者往往难以表现出悔改和自责。

贬低包括嘲笑、否定、讽刺、挖苦、羞辱等。比如这样一些话：

“见过差的，没见过你这么差的。用一个字形容是‘笨’，两个字就是‘笨蛋’。”

“一个女孩子，学这么多干啥？”

“看看你自己，除了玩你还能干什么？”

“小孩子家家懂什么？”

……

我们来体会一下孩子的心情和感受。

“妈妈脾气暴躁，生气时会骂我‘笨蛋’。爸爸看到妈妈训我，也会加入。我对他们非常失望，经常羡慕其他同学的家庭。”

"妈妈骂我比打我更让我难受。每次至少20分钟，有时候骂得更久。我在学校还算优秀，回到家里就变得很差很差，至少在妈妈眼里是这样的。我最担心的就是放假。"

"我最难接受的是爸爸说我笨。爸爸开车的时候，有时会骂路上的司机，我觉得他也是在骂我。"

患有某类抑郁症的成年人就曾在童年时期经常遭受训斥，被父母种下"坏""笨""没用""废物"的种子。种下了这些种子，也就给孩子种下了羞耻和无价值感，孩子的自然天性和学习潜能也被破坏了。《看见孩子》中有这样一句话："不管孩子的羞耻感来自哪里，减少羞耻感的最佳方式通常都是一样的，认识到自己的本心是好的，认识到自己是可爱的、有价值的。"

心理辅导中遇到这种情况，除了肯定，我还会帮孩子们做一个隔离。比如有个女孩遇到一个男生，那个男生经常嘲讽她和别的女孩。我帮她做的隔离是：如果再发生这样的事情，就去怜悯对方——这是对方自己被贬低造成的创伤，和你好不好没有一点关系。孩子们在家庭中势力比较弱小，其他一些情形中有的也需要帮孩子做些隔离。

责备和挑剔

责备有时含有轻视，令人有被贬低之感。责备有时还会传递出抱怨，又比抱怨苛刻。挑剔表达的是对细节的在意，如果过于严苛或带上责备，就会给孩子带来精神负担。

责任、挑剔语言举例和孩子的感受

“责备”语言举例	“挑剔”语言举例
“怎么这么简单的题都会出错？”	“刚才这个小节弹得不好，一点都不流畅。都弹三遍了，你到底能不能弹好？”
“你真是的，又给搞砸了，就因为你不认真才会这样。”	“这次考试失败你犯了三个错，一个比一个严重，但凡少犯一个错，我也不会这么生气。”
“你傻呀，别人打你，你都不还手？”	“下次再和同学起冲突，不能怕。胆子小又心软，以后没法干大事。”
被责备后孩子的感受	被挑剔后孩子的感受
“都是我不好，才没做好这件事。”	“我弹琴一出错爸爸就会批评我，我都不敢弹了，也越来越不喜欢钢琴了。”

以孩子和同学发生冲突的情况为例。孩子被同学打了几下，爸爸知道后，要求以后遇到冲突一定要还手，否则就不能回家。爸爸遇到这种情况，比较容易生儿子的气，指责儿子无能、要求还手的情况相对多些。有些孩子会在老师引导的友好相处和父母鼓励的积极还手之间发生内心冲突。就长远影响来看，既支持孩子保护自己－即刻喊停－表达感受，又鼓励孩子发展理性宽容，这是更好的方案。我通常会给孩子们提这样的建议。近年来，班主任在处理同伴冲突和家长沟通方面比以往要付出更多心力，这种变化有时容易导致工作重心发生偏移。

父母求全责备对孩子、父母自身以及亲子关系是多重打击。试想，经常被责备的孩子，他的自信心、创造力、安全感会好吗？经常责备孩子的父母，他的自信心、乐观水平和爱的能力足够吗？

吓唬和威胁

吓唬和威胁都不利于儿童安全感的发展。吓唬通常是将孩子和环境相对立，在孩子和环境之间树立起危险屏障；威胁通常是将孩子和父母自身直接对立，在孩子和父母之间树立起危险屏障。

有一天下午，我下课回到办公室，发现有个学生在等我。这个孩子因为成绩没有达到父母预期，害怕父母会实施威胁，不敢回家。

有些孩子特别容易焦虑和恐惧，重要原因之一是他们感受到了威胁，比如父母传递出这样的信息：如果孩子学习不好，对孩子的爱就会被收回。孩子们的恐惧有各种表现，比如怕黑、怕鬼、怕狗。如果这些害怕超出正常情况，通常焦虑来源于家庭内部，由孩子无法表达的愤怒转化而来。被父母威胁的孩子在交往中会感到紧张，担心自己不受欢迎或失去朋友。

有的孩子已经被父母控制和吓坏了，或者对父母已绝望，不相信事情还有转机。这时如果告诉孩子怎样表达感受和期待，孩子未必敢尝试。孩子和父母的关系会直接影响未来孩子与权威的关系，比如和老师、上司的关系。可以说，父母对孩子的影响是深远的。

吓唬、威胁语言举例和孩子的感受

“吓唬”语言举例	被吓唬的孩子的感受	“威胁”语言举例	被威胁的孩子的感受
“某某同学一点都不友好，少和他接触，小心被伤害。”	“我想多交几个朋友，又担心会看错人。”	“如果下次数学再考不好，就把你关小黑屋。”	“我在同学交往中最大的困难是对方不听我的话，我喜欢听话的小伙伴。”

续表

“吓唬”语言举例	被吓唬的孩子的感受	“威胁”语言举例	被威胁的孩子的感受
“外面很乱，到处是坏人，千万不要一个人出门。”	“我很想出去走走看看，又害怕遇到危险。”	“下次要是再被老师叫家长，我就把你送回老家念书！”	“我害怕会被爸妈送回老家。”
“现在的食物一点都不安全，少在外面吃东西。”		“看奶奶出了门我怎么收拾你。”	

过度拒绝

拒绝孩子本身没有问题。父母都有拒绝孩子的经历。

父母和孩子之间的互动比例如下。

消极互动：积极互动＝1 ：5

这被认为是一个合适的比例。拒绝和响应的比例起码也应保持在1 ：2。

孩子被父母拒绝的情况通常比父母认为的更多、更频繁，我们称之为“过度拒绝”。从孩子的感受看，过度拒绝孩子意味着父母没有看见和尊重孩子，意味着亲子之间的不平等。

拒绝的实质和孩子的感受

拒绝的实质	亲子对话举例	孩子的感受
不尊重	子：黄桃鹦鹉死了，我们把它埋了吧。 亲：没必要吧，我现在就去扔掉。	“鹦鹉真可怜，我真没用，没有保护好它。”
	子：这学期我想继续留在书法社团。 亲：退团吧，多留点时间做题。	“我想做的事不重要，妈妈想做的才重要。”

续表

拒绝的实质	亲子对话举例	孩子的感受
不平等	子：妈妈，我今天想吃点心。 亲：吃什么点心，不知道吃甜的会让人变笨吗？	“我吃什么要妈妈决定。”
	子：爸爸，希望您以后别老批评我了。 亲：我批评你是为了你好。	“这么说没什么用，以后对家长有意见要忍着。”
不相信	子：我想自己安排周末的学习。 亲：就你这样，还能自己安排好时间？	“家长不相信我。老样子得了，省得担责任。”
	子：这学期我要提高数学成绩。 亲：别做梦了，你只要成绩不下降我就谢天谢地了。	“爸爸不相信我能进步，我到底行不行？还是先保证不退步吧。”
情感忽视	子：周末我们全家去公园玩吧？ 亲：一边待着去，哪有时间？	“爸爸妈妈不想陪我玩。”
	子：妈妈，给我讲讲我小时候的事吧？ 亲：你小时候可比现在可爱。	“爸爸妈妈不爱我了。”

掐灭希望和强制认同

掐灭希望主要体现为实施情感剥夺，比如发出抛弃信息，有时表现为威胁；此外悲观解释风格有时也会令孩子失望、绝望。悲观解释风格具体指对问题、坏事做出永久性、普遍性和个人化解释；而非暂时性、特殊性和其他解释（即乐观解释风格）。乐观解释风格在下表中“悲观解释”部分以括号的形式加以区分（包括乐观解释的维度命名如“暂时性”及举例），即括号内是推荐的亲子沟通方式，具体可参考本篇开头马丁·塞利格曼先生的著作，或本文“给父母的建议”中“乐观和悲观对好事和坏事的解释差异”一表。

掐灭希望和强制认同的分类与孩子的感受

掐灭希望		父母语言举例	孩子的感受
情感剥夺	离开孩子	“你要是再不好好学习，我就不管你了。”	“这对我打击好大，妈妈千万别真的离开我。”
	让孩子离开	“你回姥姥家上学吧，和姥姥姥爷住一起。暑假我就把你送回去。”	“爸爸妈妈要抛弃我。”
	嫌弃厌恶	“我就不该生你。”	“妈妈一开始就不爱我。”
悲观解释	永久性（暂时性）	“你做题永远这么马虎。（这次计算题没考好，需要强化一下做题速度。）”	“我真是没救了。”
	普遍性（特殊性）	“每一次接到球你都搞砸，你踢球真差。（偶尔输球是正常的，只要多练习一定能赢球。）”	“我真是没用。”
	个人化（其他）	“成绩这么差，你真是班里最笨的人。（这次没考好主要是复习不充分，另外试题也有些难度。）”	“我没希望了。”

强制认同的分类与孩子的感受

强制认同	父母语言举例	孩子的感受
情感捆绑	“我天天这么辛苦，都是为了你能好好学习。你摸着良心想想，考不好对得起我吗？”	“都是我不好、我太笨，总惹妈妈生气。”
抬高自己	“像我这么宽容大度的爸爸，恐怕没几个。不过你也别做得太过分。”	“爸爸是在威胁我，下次还是小心点。”

强制认同主要指父母做情感捆绑，以及抬高自己。

冤枉

当我们批评孩子时，最重要的一点是事实要准确。冤枉孩子时事实通常不准确，没有依据，不客观，不实事求是。这种方式对孩子的影响也比较大，是孩子抱怨较多的一种说话方式。孩子们感受到被父母冤枉一般发生于以下情形。

1. 父母以猜测代替孩子对某事的感受，例如父母觉得孩子不愿意帮忙，其实孩子很想参与家务活动。

2. 父母做比较、指责的情况不符合实际。比如父母认为某同学比自己的孩子优秀，实际并非如此；再比如指责孩子在同伴冲突中胆子小，其实是孩子自己引发的冲突。

3. 父母对同胞责任、亲子责任的划分不符合实际，存在偏心或缺乏调查。

4. 父母夸大事实，比如“这学期你在数学学习上没做任何努力”。

5. 父母对孩子的学习态度、学习成绩、使用手机等误会较多，这方面孩子们经常抱怨被冤枉不认真、不努力，只顾玩手机。

做比较和唠叨

在语言暴力中，做比较十分常见。做比较的伤害性非常大，我们在“越被比较心越慌”一文中做过探讨。常见的比较包括拿孩子和同伴做比较，拿孩子和他的兄弟姐妹做比较，以及拿孩子和父母自身做比较。还有其他的比较角度，比如父母对孩子说：“人家家里有矿，咱们家什么都没有。”这是将自己的家庭背景和孩子的同伴的家庭背景做比较。

唠叨也比较常见。之所以将其视为语言暴力，是因为其出现频率过高，可能会造成孩子的大脑损伤或思维堵塞。人在唠叨时，说话方式听上去似乎较为温和，人们对其危害性不容易引起警惕。如果回味一下，唠叨者携带的消极情绪还是很明显的，孩子们能识别。如果以一种温和的声音长期输入具有破坏性的内容，对孩子的伤害也会很大。

举个例子，奶奶和孩子唠叨比较的内容，比如每天小孙子一准备写作业，奶奶就说："你看你，光是做个准备，还没开始写就得磨这么长时间，你哥哥说写就能写。"孩子如果日复一日听到这样的话，对哥哥和奶奶会是什么态度？对写作业会是什么态度？即便唠叨的内容不具有破坏性，比如每天孩子不断被提醒要多喝水，又会发生什么？

还有其他形式的语言暴力，比如抱怨和命令，这里不再做探讨。语言暴力下儿童的特点和需要的支持请见"我又多了一个仇敌"一文。

给父母的建议

1. 挑战消极语言 21 天并做记录

挑战消极语言记录表

挑战类别 / 时间	沟通方式	调整方式	孩子的反应
（例）贬低 / 3 月 1 日	"考这么差的成绩，还好意思回老家过年？"	"这次成绩不理想，咱们商量好复习计划再回老家吧。进步回家两不误。"	积极合作

2. 和孩子一起学习表达感受和乐观的解释风格

乐观品质培养过程中有各种各样的练习，下面分享其中比较重要的三个配对练习。

乐观者以永久性原因解释好事，以暂时性原因解释坏事；

乐观者以普遍性原因解释好事，以特殊性原因解释坏事；

乐观者以个人化原因解释好事，以其他原因解释坏事。

悲观者视角则正好相反。

即使批评孩子，我们也要尝试使用乐观的解释风格。乐观的解释风格举例请见本篇表格中带括号的部分。下表增加对好事的解释对比。

乐观和悲观对好事和坏事的解释差异

解释风格	永久性－暂时性（时间角度）	普遍性－特殊性（范围角度）	个人化－其他（归因方向）
乐观－好事	“你努力又不怕挑战，数学成绩一直很稳定。”	“你的学习能力很棒！”	“数学成绩这么好，是你自己努力的结果。”
悲观－好事	“你这次努力复习，数学成绩提高了。”	“你数学计算掌握得不错。”	“这次数学成绩不错，主要是考题比较简单。”
乐观－坏事	“这次数学没考好，主要是有三道题计算不准确。”	“这次数学没考好，语文还是那么棒。”	“这次数学没考好，是因为复习得不太充分，题型又有变化。”
悲观－坏事	“数学又没考好，你总是这么笨。”	“数学又没考好，你什么事都干不好。”	“这次数学没考好，都是因为你马虎不认真。”

3. 尝试调整非言语信息，构建积极关系

美国心理学家艾伯特・麦拉宾对如何领会不同感情和态度传递

的矛盾信息进行了研究，提出一条定律：我们对一个人的印象，大约55%来源于肢体语言等视觉信息，语气等听觉信息占38%，剩余的7%来源于说话内容。

举个例子：我们批评孩子的时候容易面容严肃，动作强硬，比如用手指指着孩子，语气盛气凌人，我们可以尝试从一个或多个方面让自己放松和柔和下来。举一个极端的例子，假使我们面对的是一个婴儿，他还听不懂我们的批评，这时只要我们的非语言信息传达出友善，他就不会感到紧张。我们可以一边挑战消极语言，一边尝试非语言表达方式。

4. 调整自动思维，增加自信体验

这个目标虽然挑战大，但值得尝试。父母可以和孩子一起尝试调整自动思维，加入证据确认环节。孩子被长时间贴标签定义后，自己可能也会深信不疑，比如相信"我是个笨孩子"。这个方法要求在做出判断之前增加证据确认环节，比如孩子在动手能力方面很强，有很多手工作品，就可以说："我在动手能力方面是个聪明孩子。"这样一步步来缩小"笨"的范围，使"笨"逐渐被局限在某个具体可测量和可提高的方面，比如对数学应用题的理解。

塞利格曼在乐观养成故事里引入了福尔摩斯和胡尔摩斯两个人物，前者讲究证据，后者依靠直觉。父母也可以引入孩子感兴趣的侦探人物，比如儿童侦探小说中的小侦探，为孩子调整自动思维提供工具支持。

5. 和家人分享美好

每天拍一张美好的照片或选一张美好的图片、记录三件好事并和孩子、家人分享。

“不敢和爸爸说话”

——父母情绪失控给亲子关系带来的挑战

当父母情绪失控，开始对孩子大吼大叫，说不好听的话或采取威胁性的行为时，恶性破裂就会产生。恶性破裂通常在父母处于失控状态时产生。当人处于失控状态时，就无力进行灵活顺畅的交流。在各类中断的联系里，恶性破裂对孩子的危害最大，因为这种状况经常伴随着强烈的羞耻感。

——丹尼尔·西格尔　玛丽·哈策尔《由内而外的教养》

警惕和怨恨

在父母容易情绪失控的家庭里，孩子往往会感到紧张、焦虑。在这样的环境里，孩子面临着生存困难和较大的不确定性，时常需要保持警惕。作为冲突中的弱者，逃跑或僵住是孩子在类似情境下最常出现的应激反应，此时孩子内在的体验主要有恐惧和紧张，即便外在掩饰得比较好。当孩子慢慢有了力量，会生发出更多消极感受。

僵住的表现是受了惊吓，不知所措，仿佛被冻僵了，看上去表情僵硬、眼神呆滞、手心发颤，年龄小的孩子更容易出现这种状况。这种紧张状态可能会慢慢泛化到其他情境中，甚至带入成年生活。

有的孩子已经对将来回击爸爸或妈妈有过具体想象。有的孩子经历亲子冲突的时间比较短，程度也比较轻，他们的感受如何呢?

一个男孩的故事是这样的。以前每次遇到不会做的数学题，孩子都会去请教爸爸。可是爸爸呢，一看到题就会生气，会吼他笨。孩子也很生气，但不敢表达对爸爸的生气。他打算长大以后打爸爸。现在再遇到不会做的题，他不敢再和爸爸说了，也尽量不让爸爸发现。

分析

从上述案例男孩的感受中，我们起码能看出两点：一是孩子对父亲的攻击欲望，这些隐藏的攻击想法对亲子关系影响深远；二是孩子对父亲的回避或者警惕。攻击的想法当然未必真会发生，未必能忍耐那么久（也有一直忍耐最后真实发生的案例）。较大的可能性是孩子会将这些攻击性以各种形式提前释放：比如对同学发火或动手、破坏公共财物、说谎，等等。这些行为如果持续和加重，孩子的走向和结局会有很大的不确定性。情绪失控的父母不但令孩子怨恨，也令孩子警惕。父母成为孩子的警惕和怨恨对象，意味着孩子将置于冲突且无解的困境之中。

伤心和失望

下面的例子中我们可以看到父母情绪失控对亲子关系的影响。与此同时，孩子的学习和成长也在悄悄发生着变化。

小 H 的烦恼

小 H 的妈妈经常生气，有时还会把小 H 的缺点全部数落一遍。小 H 最不能接受妈妈说的一句话是“考得啥也不是”。小 H 曾无数次期待妈妈会向自己道歉或表达后悔，但这个期待从未实现过。在学校里，每当想起妈妈和自己发脾气的事，小 H 的心情瞬间就会跌入低谷，不想理会同学，也无法听讲。放学回到家，小 H 还会继续生气，不管爸爸问什么，她一句也不想回答。

小 I 的烦恼

小 I 最害怕的事情是被妈妈数落，她不会做题的时候这样的事经常发生。小 I 写作文不太熟练，写得很慢时妈妈也会和小 I 吵。小 I 在家里觉得很紧张，有时候会希望晚点放学，晚点见到妈妈。

小 J 的烦恼

小 J 的爸爸晚上经常生气，冲小 J 大吼。小 J 也尝试像爸爸一样发泄愤怒，可爸爸不能接受。小 J 觉得自己运气不够好，有一个喜怒无常的爸爸。小 J 希望爸爸不再生气，那样的话晚上就能好好学习了。

分析

孩子们很敏锐，有的较早就发现父母情绪不稳定对自己有影响，比如小J就尝试过模仿爸爸发脾气。有个女孩高兴地说:“妈妈生气的时候我也会生气，我的脾气也越来越大了。我发现发脾气有很大好处，现在班里的男生都不敢惹我了，我在学校比以前更开心了。”

“事与愿违”这个词可以概括情绪失控的大部分结果：越是发脾气，结果越糟糕。这些孩子被父母的不良情绪分散了很多注意力，处于焦虑、生气甚至惊恐不安之中。父母原本是孩子寻求安慰的对象，失控的父母却成了孩子恐惧的来源——危险源。从小被过多批评的孩子，可能会形成过分自大的缺陷。“这是骨子里的自卑造成的，因为没有人表扬他，所以就会用自大来补偿。”曾奇峰如是说。越发脾气结果越糟也体现在亲子关系的走向方面。紧张的亲子关系预示着未来关系将会更加举步维艰。

愤怒与逃离

有些孩子表达了被迁怒的愤怒感受和早日离家的愿望。

“我爸脾气暴躁，工作原因导致他心情不好，他也会冲我发脾气。有时候，他对我生气时会骂我笨，说我以后只能去捡垃圾；有时候，他对我生气是因为我不和他说话。他怎么不明白，不是我不想说话，而是不敢和他说话？我真希望自己能早点长大成人，早点离开这个家。”

“在家里，妈妈更爱生气，她容易把对别人生的气转移到我身上，拿我当出气筒，她这么做我也很生气。最近我经常赞美妈妈，赞美她不生气的样子真美。有一次，她问我是不是想达成什么目的才这样做。有时候我想去奶奶家住，这样就能躲开妈妈了。”

“我不喜欢放寒暑假。放假就会天天和妈妈在一起，天天吵架。我真盼望能早点上中学、早点住校。以后如果我离开家，不会再轻易回家，除非爸爸一个人在家。”

分析

十年、二十年后，我们的亲子关系会是什么样？回答这个问题并不需要等待太久。我们先回顾一下自己和父母的关系，再去问问孩子便能知晓。以子为师，跟随孩子的引领，满足孩子的需要。如果我们这样做，一年以后，我们的亲子关系又会是什么样？

如果父母能做到情绪稳定、积极回应，孩子无须其他努力，就能比以往自我感受更好、注意力更好、同伴关系更好、成绩更好，一切都会更好，包括父母自己，以及父母和孩子的关系。

给父母的建议

1. 填写家庭情绪周卡

对情绪的觉察是调节情绪的前提。情绪周卡适用于成人和儿童，既能提高情绪觉察能力，又能发展情绪调节能力。儿童可以只记录主导情绪类别；成人可以增加情绪调节方面的记录，以便积累经验和增加信心。

孩子们的卡片填写时间为最近一周，以表格的方式呈现，各年级孩子都可以参加。开始阶段，孩子们觉察的情绪集中在比较容易识别的几种，包括开心、伤心、生气、愤怒、讨厌、惊喜等，低年级学生可以用卡通情绪脸谱填写；情绪种类随情绪识别能力的提高逐步扩展。孩子们填写时会认真回顾一周情绪，为每个家人填写各自的情绪。家人如果能同时填写，可能会发现不同家人视角下的情绪理解差异。比如妈妈可能会觉得自己一周心情都不错，可孩子记录的妈妈却是3天愤怒加4天开心。如果有这种差异，全家人可以坐下来一起沟通分享。在学校里，活动结束时我也会提醒孩子们把填好的家庭情绪周卡带回去和家人分享，尤其是当孩子记录家长多日出现负面情绪时。孩子的情绪和父母的情绪关联度很高。父母多看看孩子填的表，也能多提醒一下自己，有意识地调节好自身情绪。

有个女孩和我反馈了她与家人的分享情况，她记录的那一周妈妈有5天愤怒和2天讨厌。她告诉我，妈妈看到这个表很生气，抱怨女儿和爸爸不该惹自己生气。爸爸看到记录表的反应是笑个不停。

家人以家庭情绪周卡为媒介，每个周末坐下来一起聊聊，也是家庭成员之间建立情感的好机会。

家庭情绪周卡

	星期一	星期二	星期三	星期四	星期五	星期六	星期日
爸爸							
妈妈							
孩子							

2. 做放松练习，多运动

瑜伽、冥想和正念练习都是很好的情绪放松方式。全家人可以跟随放松练习口令和背景音乐进行练习，放松身心。运动对调节情绪也有很大帮助。

3. 自制情绪调节遥控器

家人可以一起设计制作情绪调节遥控器，为遥控器设置“暂停”

和“降低能量”以及“自问自答”等按钮。其中“自问自答”按钮中的问题可以围绕父母自己未被满足的需求或其他有助于降低情绪反应强度的方面设置。遥控器可以用卡纸做，此时按钮具有象征功能；也可以集成软硬件做成有互动功能的遥控器，尝试在情绪发作前取出备用。

4. 制作情绪百宝箱

夫妻一起制作情绪百宝箱，共同商量放置10个最想完成的日常家庭心愿或个人心愿。每成功克服一次情绪爆发，就抽取一条作为奖励，全家人要一起配合达成奖励。

5. 阅读方面

推荐阅读盖伊·温奇的《情绪急救》。

“一切要听妈妈的”

——孩子受控制型父母的影响和两极反应

如果父母培养孩子的自主性和掌控感，他们的孩子则更可能探索自身兴趣并注重自我成长。

——威廉·斯蒂克斯鲁德　奈德·约翰逊

《自驱型成长：如何科学有效地培养孩子的自律》

根据父母对孩子的回应和要求，家庭教养方式可分为 4 种类型：权威型（高要求高回应）、忽视型（低要求低回应）、溺爱型（低要求高回应）和专制型。本篇讨论的是上述最后一种教养方式，也被称为控制型。如果父母都采用权威型教养方式，孩子的内心冲突会相对较少，心理一致感和心理弹性也会较好。父母的教养方式最好一致，如果不一致，孩子的内心冲突则会相对较多。

有一次，我给孩子们设计了一节“感恩父母”的活动课，载体是一张感恩卡，孩子们完成后送给父母。卡里有一项是书写父母的名字和属相，孩子们可以和父母确认或学习这些信息，增加对父母的了解。写和画的时候，孩子们安静认真，沉浸在美好的情感里。第二次课上，我邀请三个孩子分享父母的反馈。有意思的是，这三个孩子的家庭教养方式在此情境中呈现出不同类型（父母的教养方式在不同情境下可能会发生变化）：一个孩子的父母表示开心和感动；另一个孩子说妈妈像平时一样，表情严肃没有任何表示；第三个孩子的妈妈十分生气，因为孩子没写对妈妈的属相。

控制型父母的特点及对孩子的影响

控制型父母对孩子的要求高而回应低，具体表现为：

- 照顾孩子；
- 不倾听孩子的需要，通常只表达很少的关心；
- 不允许孩子向自己发火或质疑自己；
- 有严格、稳固（或不稳固）的要求或规则。

下图中，中间方框内是控制型父母的主要特点，右边方框内文字是对孩子影响的一般性描述。特点和影响大致对应，有的影响来自多个特点的共同作用。

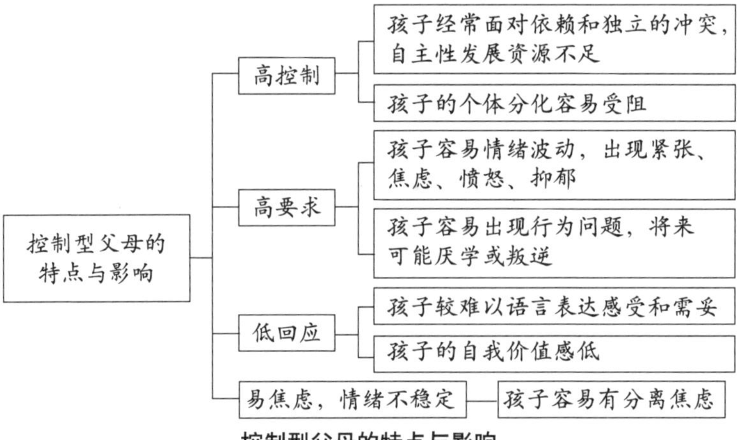

控制型父母的特点与影响

面对控制型家长，孩子情绪波动更大，自我评价时常会低到尘埃里。比如有的孩子会有这样的感受：“妈妈不关心我，我感觉自己像是被捡来的孩子。我和她说什么都没用，妈妈不会听我的感受。”有研究显示，如果父母对孩子冷漠，对孩子控制过多，孩子在成年后更容易表现出严重的自我批评；低自尊男孩的父母通常关爱和指导更少，常给孩子严厉而不尊重的惩罚，包括爱的丧失。

控制型父母带给孩子较大的困难和压力分别是自主性发展不足和分离焦虑。年龄小的孩子容易以服从应对控制。孩子在特定阶段（比如学段交接期甚至学期交接期）比较容易出现分离焦虑，对新环境的适应性较差，难以顺利独立。由于孩子受到压抑，难以用语言表达情绪情感和需求，因而可能发展成以行为问题或心理症状表达需求。

控制型父母时常惩罚和恐吓孩子，他们的孩子也更可能对其他儿童做出威胁或动手行为，容易发生同伴关系不良或新环境适应不良（例如学校恐惧）；另外一个较常见的表现是孩子恐惧某种动物或环境。

孩子的烦恼

自我决定理论指出，青少年拥有自主、独立和归属的需要，即自主需求、能力需求和关系需求。当这些需要得到满足时，孩子能得到激励实现成长；如果这些需要没有被满足，孩子就会感到烦恼甚至愤怒。

学习方面

学习方面被控制较多的孩子时常担心父母的反应，比较容易出现考试焦虑，且较难主动克服；有时难以集中注意力。

选课、作业安排、兴趣班的选择方面烦恼比较多。孩子不能自主决定学习安排或兴趣发展，对父母过多干涉日常学习深感不安。不少家长报课外班不和孩子商量，报好了再通知孩子。无怪乎有的孩子会抱怨几个课外班当中，只有一个是自己喜欢的。还有的孩子说“我不想上啦啦操课，妈妈要求必须上，不能有自己的选择”“爸爸妈妈认为踢足球没用，要求我退出足球队”。有的孩子有时有厌学情况——自主性的丧失将来容易导致学习兴趣的下降甚至丧失，这种情况在小学阶段体现尚不明显。一个学习成绩优异的孩子对我说：“我上网课的时候，妈妈就坐在我身边，经常指出我的问题。我因此害怕答错，不敢参与和老师的互动。妈妈却认为老师影响了我的自信。每次一想到要上这个课，我就很不开心。”

当孩子需要父母支持时，又面临着被拒绝的烦恼。比如有些孩子有类似担忧：“我向妈妈请教数学题，妈妈讲了一遍我还是不明白。她很生气，不再理我，把学习的事情交给了爸爸。我不敢再问妈妈问题了。”

除了当下的事情，有些孩子还会对将来的学校、文理选科、专业、职业甚至婚姻的选择感到担心，认为按照目前的情况，未来这些选择很难如愿以偿。

生活方面

一些父母对孩子的隐私、空间、物品等并不尊重，有的甚至反对孩子发展自理能力，比如系鞋带、洗手、洗澡、盛饭、削苹果、独自上下学。有的父母反对孩子做家务，比如洗衣服、打扫卫生、做饭。对于家务劳动，多数孩子都有动手尝试的热情，家长如果不接受，孩子就会感到沮丧，尤其是这方面有天分的孩子。有些家长还会限制孩子的同伴交往：有的是不能忍受孩子和同伴关系亲密，有的是不允许孩子和成绩差的同学交往。比如有孩子告诉我说同学妈妈找自己谈话，希望自己远离她的孩子。孩子们其他方面的烦恼还有：父母代管自己的零花钱、压岁钱，不能选择想买的东西，不能决定休息、睡觉、娱乐以及节日活动安排，不能决定弃用物品的处理，等等。孩子们这么说。

“妈妈会随便翻看我的日记本和处理我的绘画作品，从不征求我的意见。”

“小猫快过生日了，我很开心，准备给它加餐。爸爸却说给猫过生日是多此一举，他不同意我这么做。”

“爸爸妈妈不让我做家务，怕耽误学习。可我很想自己动手做好吃的，这可真难办。”

“爷爷把死去的小乌龟扔掉了，没有征求我的意见。我想给小乌龟挖个洞，而不是扔掉。随便扔掉，对小乌龟太不好了，这件事让我难受了一个学期。”

情绪方面

由于缺乏积极榜样，较难得到父母共情，孩子们有时难以控制自身情绪，消极情绪积累较多，比较容易出现情绪行为问题。我们来体会一下孩子的心声。

“妈妈说话的时候我插不上嘴。我有时一句话还没说完就会被妈妈打断。”

“妈妈不让我哭，我想哭的时候都得拼命忍着，从小就这样，所以我在学校有时会哭。”

“妈妈对我和同学说心里话不满意，希望我多和她说说不开心的事。那是不可能的，那样只会让她生气。”

隐秘的控制

积极心理学之父马丁・塞利格曼对建立幼小孩子的乐观风格提出了三项原则：掌控感、积极情绪及解释风格。本篇开头引文的作者呼吁发展孩子的自我控制感，以使孩子的大脑发展获得最大收益。遗憾的是，亲子之间的控制与反控制之争经常上演，弱小的孩子往往是那个失去掌控感的一方。

有些控制方式比较隐晦，存在明显的情感控制。这里要讨论的是父母用恐惧、内疚、羞耻感等方式控制孩子。

打骂令孩子恐惧；失望、不满、有条件的爱、抛弃信息、渲染环境不安全等也令孩子恐惧。后者由于更加隐晦，父母有时也难以察觉。抛弃信息隐含着分离，尤其令孩子恐惧，例如“我不管你了”“再不听话你就和爸爸生活吧”“如果你选择离开我去和爸爸一起生活，我就不会再爱你了”，这些话对于孩子是很大的打击。恐惧的背后是愤怒和孤独无力感，还会引发焦虑。不断遭受抛弃威胁的同时如果真的重复经历分离，孩子的生存境况会异常艰难。激发孩子产生内疚感的方式有很多种，比如向孩子传达这样的信息——“你不努力学习就对不起爸爸妈妈的辛苦”。

羞耻感是一种强烈的痛苦感受。被父母定义为“坏”“笨”“不行”“没用”“没人要”的孩子容易体会到羞耻感，感到自己暴露在外、痛苦、尴尬、压抑和自卑。父母羞辱孩子，孩子也会对父母感到愤怒，孩子的沉默寡言有时只是表面现象。美国心理学家大卫·霍金斯博士曾分析过各种情感的能量等级，在他的能量等级表中，排位最低的是羞愧和内疚，它会慢慢消耗孩子内心的能量，摧残身心健康。

当孩子服从、表现好时爱孩子，不服从、犯了错、成绩下降时就收回对孩子的爱，这样的对比会让孩子感到不踏实，认为自己还不够好，想要“再好一点”，以重新获得父母的爱。父母对孩子的失望等消极情绪很容易被孩子察觉，并笼罩在孩子心头，增加孩子的抑郁、焦虑情绪和无助感受。奥利佛·詹姆斯在《原生家庭生存指南》中说：“奉行完美主义的母亲培养出来的奉行完美主义的女儿更容易患上抑郁症，出现轻生的念头，也更容易患上强迫症，因为她总是感到焦虑，害怕出错。”

控制型父母对子女的不同影响

控制型父母对子女影响不同，这种影响与控制型家长的性别、配偶角色、亲子距离、子女的出生顺序、控制开始发生的时间等有关，呈现出一定的复杂性。施控一方对配偶角色也有影响，或者说这是一种较常见的夫妻组合——一方是控制型，另一方表现为情绪不稳定，冷漠、回避、脆弱甚至缺位（例如长期出差）。

下图是控制型父母对子女的影响。这里只做一般性讨论。

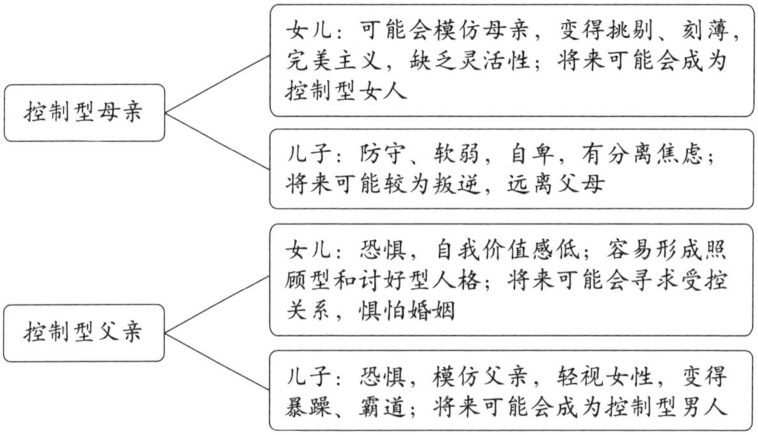

控制型父母对子女的不同影响

过度控制会对孩子管理情绪和行为的能力产生负面影响，阻断孩子的心理成长过程，严重伤害亲子关系。这些影响有时发展迅猛，令人惊讶。比如个别三四年级的男生已对女同学表现出明显的排斥或轻视（有一位控制型父亲），或是带有敌意的惧怕（有一位控制型母亲）。前者有时会对班级的男女生关系和班级文化产生破坏性影响，比如这样的男生可能会在班级选举中发动男生不选女生。

控制型父亲对女儿的影响和控制型母亲对儿子的影响尤为显著，对子女的成长具有较大破坏性。他们的孩子现在可能是球童、琴童、舞童、学童，将来可能会成为球星、艺术家或学术领袖，也可能是普通人。无论如何，如果孩子们的童年在高度受控的家庭环境中长大，成年后难以摆脱童年影响。一些违背家庭伦理的故事、案件可能会出自这类家庭。

孩子对控制型父母的两极反应

面对控制型父母，孩子有两种可能的反应。

一种是反抗型，和父母对着干，拒绝父母的焦虑，但逃不掉对被控制的焦虑；另一种是顺从型，即按照父母的意愿行事。这两种反应有时难以区分，或者说它只是一个阶段性状态。我观察到很多中间地带，因此将反抗型又分为显性和隐性两种情况。后者表现为表面的顺从和内心的抗拒。这和孩子的年龄、能力特点也有关系，他们暂时还不能做出实质性的反抗。

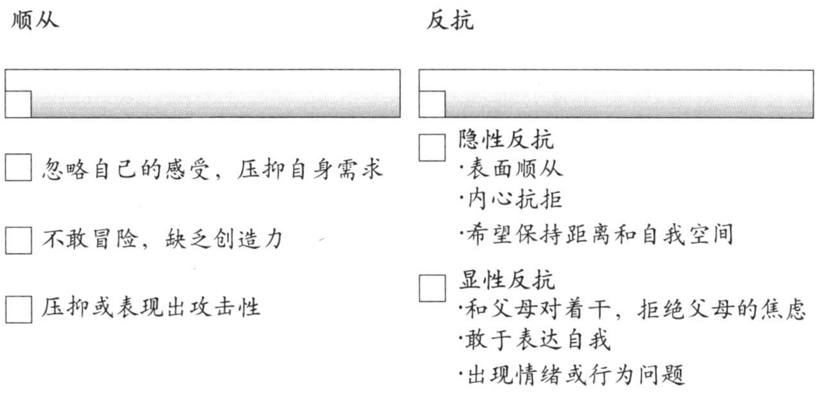

孩子对控制型父母的两极反应

那些假顺从真反抗的孩子，从表面上看，也满足了控制型父母的自负需求。比如一个 7 岁的孩子告诉我："爸爸经常要求我做很多难题，我不能不做，遇到不会做的题又不能问，我心里很生气，长大一定要打爸爸。”有的孩子被父母骂之后，也学着骂父母，这样做当然不被允许，孩子就转而在心里骂父母。这种就属于隐性反抗。孩子服从了父母的要求，暂时压抑了自己的分离倾向，但内心正在聚集能量。

顺从型孩子的难处是不敢表达自己，包括自己的情感、喜欢做的事情、其他需求，担心爱别人就是对父母的背叛；害怕自己独立或与人分离，没有自由。如果孩子一直压抑自己顺从父母，仍有可能在未来某一天变成反抗型。那时亲子冲突将会异常激烈，甚至难以收场。也就是说，在某些阶段，孩子的表现有顺从和反抗；但从长远趋势来看，反抗是主导趋势。

现在学生中间有自伤意念和自伤行为的孩子，有一部分就来源于此——对自己的生活和学习缺乏掌控感，也没有途径抱怨、释放情绪。曾奇峰从精神分析的视角作出的解释是：很多父母可能基于对人性的不信任，而对孩子管理过多。这真的可能导致孩子出现人格上的很多问题。如果用精神分析的术语来说，孩子在使用其自我功能做事情的时候，如果父母的自我功能过多地介入孩子的自我功能中，可能会让孩子感到手足无措，不知道该怎么办。他们甚至会有这样一种感觉：到底是我活着，还是爸爸妈妈在操纵我或代替我活着？这种感觉发展到最严重的程度，会导致这个孩子厌世，觉得活着没意思，甚至可能自杀。

给父母的建议

1. 调整亲子关系的建议

(1) 了解孩子的需求，安排“爱的炸弹”家庭活动

这个方法是奥利佛·詹姆斯推荐的，尤其适合孩子对日常生活掌控感的需求未得到满足的家庭。大致做法是父母宣布将和孩子共度一段开心时间，由孩子命名活动并决定想做什么事以及什么时间做（合理范围内）。进行过程中，父母应从始至终让孩子感觉到“不论我想要什么，都能得到”的独特掌控感和满足感。

(2) 尝试角色扮演

父母和孩子互换角色，相互体会对方在日常沟通中的感受和期待。

2. 调整自身状态的建议

孩子会引领我们逐渐觉醒——觉察并调节自己，面对真实生活、孩子和自己的内在需要做出反应。

(1) 给自己写封信，发出诚恳接纳的信息，落款写自己的名字。正文从“你有权利犯错，无须自责”开始写起。

(2) 直面自己被压抑的情绪情感：每一次我们被孩子激起情绪（尤其是愤怒）时，在情绪反应前增加一个环节——反思情绪来自自己还是孩子。

(3) 尝试感谢父母；当面向父母表达未被满足的某个需要，或寻求某个现实帮助。

(4) 阅读卡瑞尔·麦克布莱德的《母爱的羁绊》，尝试和自己的父母、孩子分享阅读感受。

阅读体会

关于自己

关于孩子

第四章

孩子担忧的未来

“越被比较心越慌”

——父母高期待和常比较对孩子的羁绊

背负过多期待的孩子往往处境艰难，因为通常情况下，人们习惯用外在的成功来评判他们，而不是依据他们应对困难、克服困难的能力。

——阿尔弗雷德·阿德勒《儿童教育心理学》

为人父母者大多有成功焦虑，对孩子的高期待普遍存在。高期待传递出父母的焦虑，并转化为孩子的焦虑，是对孩子的一种心理虐待，其实也是父母对自己的一种心理虐待。高期待很容易伴随比较，而比较是无止境的。

埃里克森在《身份认同与人格发展》中写下一段意味深长的话：“如此漫长的童年会让孩子暴露在严重的焦虑与持久的不安中。如果这种情绪被过度地、无意义地加剧，它就会在孩子成年后以模糊的焦虑形式固着下来；而这种焦虑尤其容易导致个人、政治甚至国际生活的紧张。”

学生心理辅导和心理测评等工作目前已在国内大、中、小学校全面展开。这些工作的任务之一就是调节父母高期待、常比较，以及本书探讨的其他亲子关系问题给孩子造成的影响。在跨学段同行交流中，高校心理咨询师表达了对中小学心理工作的热切期待，原因是一些大学生情绪问题的积重难返就起源于中小学阶段；中学心理教师的危机干预工作也常常会探索到学生的小学阶段，因此小学阶段被一致认为是打好亲子关系基础的重要时期。多数父母对孩子的态度转变确实主要肇始于小学阶段，这究竟是什么原因导致的呢？是父母的自恋从此开始高涨，还是父母被自己的高期待引发了焦虑？

相较于20世纪，现在的父母把太多社会问题和压力都带入了孩子的童年生活，比如薪酬问题、工作压力等，往往工作竞争激烈的父母对孩子的学业焦虑也会更高。父母拿自己家孩子和别人家的比较，以为向上比较（否定孩子具有优势）能激励孩子进步，向下比较（肯定孩子具有优势）能增加孩子自信。说起被父母做比较，很多孩子都有一肚子话要说。

被比到失去信心

下面我们来呈现一组虚拟对话，借此类比和理解一下孩子们的感受。

子：爸爸，我同桌的爸爸今年得了优秀员工奖。

父：你说这句话是什么意思？

子：我希望你努力一下，也能得这样的奖。同桌说他的爸爸还拿到不少奖金。

父：我希望你是最后一次对我说这样的话。

在亲子冲突中，孩子是弱者。像上面父亲那些话，孩子是不敢说出口的，只能默默承受压力，反复经历和暴露在这样的受挫体验中。

桃子的父母对桃子的学业期待比较高，常将桃子和其他优秀的孩子作比较。这些比较令桃子心烦意乱，也严重影响到她对自己的评价。桃子因此觉得自己没有优点，没有特点。

在先前的课堂上，一些同学纷纷表达了对桃子的欣赏。当我询问她对同学反馈的感受时，她说感到很意外，自己根本没有同学说的那么优秀，坚信自己没有优点。

被比得情绪不稳

被父母作比较带来的情绪问题，除了像桃子那样以自卑和抑郁情绪为主，其他比较常见的感受还有紧张焦虑、伤心委屈、嫉妒愤怒、无奈失望等。也有相反的情况存在，即父母肯定自己的孩子，把别人家的孩子比下去。这种情况下，孩子的情绪也有起伏，比如盲目自信和害怕焦虑。

焦虑、自卑和抑郁

《自驱型成长：如何科学有效地培养孩子的自律》一书这样解释：人类的大脑是依据其使用方式得以发展的，所以当低龄人群经历高水平的压力和疲劳时，无论他们身处何处，都会被塑造得越来越容易感到持续焦虑，于是导致大脑反复受到抑郁情绪影响，或者发展为习惯靠化学制品、互联网或电子游戏来暂时逃避压力。

我们来听听孩子们怎么说自己的压力。

“爸爸说别人都比我厉害，我没有任何一件事情是最厉害的。我喜欢打网球，但是有好多同学比我打得更棒。之前我在班里跳绳跳得最好，现在也不如别人了。我感觉自己很没用。最近我很容易紧张，尤其是遇到大的考试，有时会紧张得手抖。深呼吸之后能好些，但还是很紧张。”

“每次妈妈拿我和表哥以及同班同学做比较时，我的心里都很不舒服，觉得自己很笨。”

有的孩子尽管成绩优秀，但自我评价低，有的甚至经常自我攻击，即便是心情好的时候，也会想到一些不好的事情打击自己。

伤心和委屈

被比较的话常令孩子感到扎心。孩子们背负着沉重的情感负担，扎心的话会增加这个负担。

有的孩子每次被父母拿来和同伴比较时，会把比较的话记在心里，伤心很久。

有的孩子会留意父母和别人怎样谈论自己。比如一个孩子说“我偷听过妈妈和别人的交谈。谈论我时，她都在说我的不足和别人家孩子的优点，从没夸过我。拿我的缺点和别人的优点做比较，这一点儿都不公平。”

有的孩子对父母的比较感到委屈，却又不敢表达。比如一个孩子说：“妈妈总是拿我的画和邻居的画比较，那个邻居学画画很多年了，所以我觉得很委屈。”

嫉妒和愤怒

比较不仅令孩子愤怒，还会破坏孩子和伙伴的关系。如果妈妈经常在孩子面前夸奖小邻居学习更棒，那么孩子就会越来越嫉妒和不喜欢小邻居，不想再跟人家玩了。父母一方如果经常在另一方面前夸奖某个邻居，结果可能比对孩子这样做更严重。儿童与成人感受相似，不同之处是儿童的反抗力量不足，不能像成人那样，以盛怒的方式去排解。但这不代表孩子不愤怒，只是愤怒存放的位置和表达的方式不同。久而久之，孩子的嫉妒心就被强化了。校园里，孤立别人和表达“绝交”很多时候都是嫉妒心使然，这种现象目前比较普遍，也增加了校园欺凌发生的风险。

“妈妈经常把我和别的同学比较，哪怕那个同学没什么优点，妈妈也能找到他厉害的地方。这真让我生气。难道我连班里最差的同学都不如吗？”

一位低年级男孩说他和“完美同学”是敌对关系，不想一起玩，关系不好。妈妈经常夸赞“完美同学”，自己也注意到了他们的优秀，越发觉得自己很普通。男孩想通过提高自己的成绩和发现同学的缺点来改变敌对关系。这个孩子的思考能力比较强，嫉妒心和看问题的视角影响了他的情绪。我肯定了他的积极上进和善于发现同学闪光点的优点，并和他一起分析了与“完美同学”的三种关系模式及其优缺点，引导孩子从不同视角看待优秀同学，并在超越同学和超越自己上做了探讨。孩子离开时表示开心，觉得敌对关系并不存在。

盲目自信和挑剔多虑

有的父母做法相反，他们只能看到自己孩子的优点和长处，对其他孩子的闪光点则视而不见。这些父母会过度表扬、赞美自己的孩子，也会过度贬低别人的孩子，导致自己的孩子有时会盲目自信。他们还会给予孩子很多物质奖励，让孩子觉得只有好好表现才值得被爱，才是好孩子。可是当孩子犯了错，父母并不能容忍和宽恕，这样一来，孩子自己也无法容忍失败。一旦失败，孩子就有可能自我攻击甚至自暴自弃，还会要求和挑剔父母。父母把别人家的孩子比下去，时间长了，自己的孩子就容易产生怕输和畏难情绪。

《天生非此》中说："自恋成瘾的父母往往坚称自己的孩子在某个方面是（或看起来是）杰出的。他们捧高自己的孩子，以此捧高自己，而在这一过程中，孩子觉得自己如果不符合父母心中的形象，就什么都不是。他们不过是自恋的父母满足自己欲望的工具。"

我们用双气泡图的形式做如下总结。

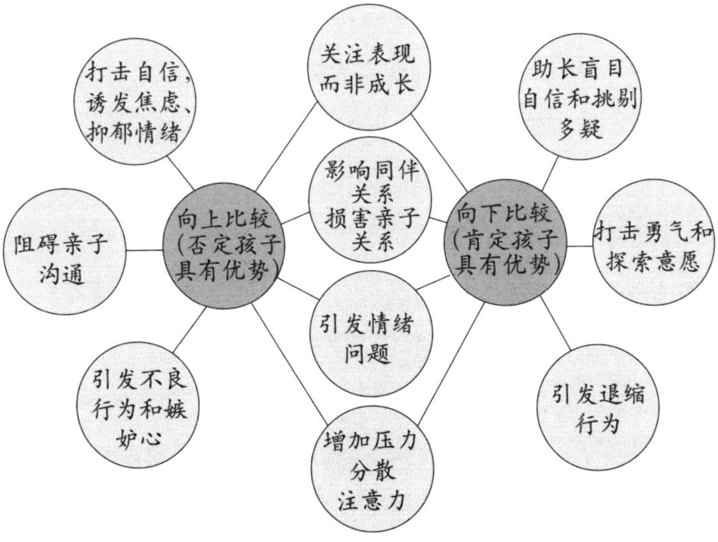

向上比较和向下比较对孩子影响的异同

高期待对孩子的伤害

孩子明明很优秀，就是缺乏自信，这样的孩子并不少见。这个问题看似令人困惑，实则有伏笔。父母给孩子设立高期待、高标准，孩子就会给自己设立高标准。高标准没有尽头，孩子将会面对父母越来越多的评判和否定，有些孩子甚至会丧失行动的勇气。先是有高期待，接着就是高标准、常否定和多比较，这样循环往复，令孩子与身心健康渐行渐远。

不少人都听过这个案例。两个男生做了6年中学同窗，后来一起被保送到名校。有一次，其中一个男生对另一个男生实施了严重的身体攻击，原因是不希望对方比自己成绩好，不能容忍别人比自己优秀。故事的开头令人充满希望，听到结尾却让人感到不可理喻和绝望。这种绝望有一部分来自这个实施暴力的男生，是他内心的绝望。

一些被高期待、高标准羁绊的孩子甚至将自己引向绝望。在央视播出的纪录片《我们如何对抗抑郁》中，高中女孩钟华处于抑郁状态，她的爸爸讲述了妈妈对待成绩的反馈方式：我爱人可能一直希望这孩子拔尖，比如幼儿园拔尖，小学拔尖，中学拔尖，大学拔尖，最后出国就是去哈佛或者斯坦福这种学校。某一天，孩子说我考了全班前三，这就算不错的。孩子希望得到爸爸妈妈的表扬，可能妈妈给出的答案并不是孩子想要的，而是会问：第一是谁？第二是谁？……再严重的时候，比如孩子考了第一，那可能就变成了另一个问题，妈妈就问：年级第一是谁？你在年级可以排多少啊？……

钟华表达了这种高期望带给自己的感受：我希望你可以考得更好的期望，和我希望你可以考到前十名的期望是完全不同的，前一种会更加折磨人。因为它没有一个具体的目标，然后你也不会有那种达到目标的快感。你每次考得更好，家里都会说你可以考得更好，所以这是一个完全不可能达到的目标。就好像我是一头驴，然后在我前面吊了根胡萝卜，我拼命地为这件事而跑。

谈到父母的高期待、高标准，孩子们的比喻一个个都很形象。有的孩子形容自己经常有从山头跌回山脚的感觉，有的比喻为无数个跨栏在等着自己。当努力意味着更高压力的时候，那些在高期待和低支持家庭中的孩子，轻者可能会采取退缩回避行为，重者可能就会像钟华那样以症状来表达。《原生家庭生存指南》一书给出这样的解释：童年时被父母寄予厚望也是一个重要因素，可能会导致抑郁症。他们过度自我批评，受到无价值感、自卑感、失败感和内疚感的困扰。他们总是害怕不被人赞成、接受，害怕被别人批评，倾向于苛刻的自我省察。他们可能会给自己设定过高的目标，追求极致的成就和完美，往往富有竞争力并且特别勤奋。他们对自己的要求特别高，即使取得成功，也不会感到持久的满足。对于他们来说，最好的永远都不够好，这是抑郁症的一个亚型，被称为“目标重心”（Dominant Goal）。

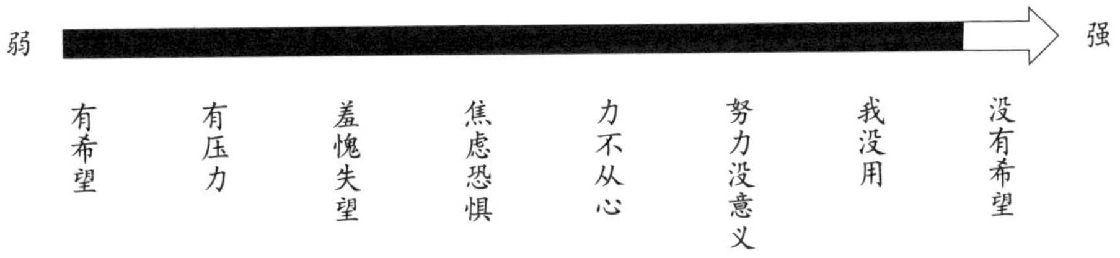

孩子面对父母高期待的感受变化

孩子学的全会，做的都对，这种期待是对学习规律尤其是孩子本身的忽视，也可以说是不切实际的期待。父母有时对老师也有类似期待，比如觉得只要老师多肯定，孩子就能变自信。实际上，长期被高期待和比较的孩子遇到积极肯定未必能接住。接不住的时候，孩子脑海中盘旋的正是家长否定的声音。

比如，有个孩子数学成绩一直接近满分甚至是满分，超越了绝大多数同学。可无论出现多小的错误，他看到成绩反馈就会哭。试想老师对全班学生说:“他是班里学习最棒的学生，希望大家向他学习。”这时孩子是什么感受？他在害怕妈妈可怕的责骂，怕得家都不敢回了。因为回到家，妈妈可能会说:“你太笨了，这么小的错误都会犯，真是太没用了。”想着这句羞辱的话，听到老师的表扬时，他可能恨不得钻进地缝里。因为孩子选择相信妈妈的评价，而不是老师的肯定。

面对这类孩子，即使是在一对一心理辅导中，辅导老师的肯定也要有节制，孩子们能接住肯定的情况有差异。被否定的孩子需要一步步脱敏，才能接住老师在更大范围的鼓励和赞美。这些孩子接受同伴的肯定相对容易，也更加轻松愉快些，比如课堂上同学们找的优点。这是校园环境的独特成长资源。如果孩子只是自我否定，相对好处理一些。

有两类常见的自我负性核心信念——“我是无能的”和“我是不可爱的”，其形成来源于高期望、常否定、多比较等。一颗不好的种子被播种到孩子的大脑里，形成一种脑回路，很多时候并不那么容易被改变，且改变需要一些机缘巧合。有些孩子不习惯表达自我感受，或是表达了父母没听到，或者父母听到了没当回事。这样一来，往往积累了好几年，直到孩子的情绪出现了明显问题甚至发生了自我伤害，父母才会发现。如果父母能主动表达自身感受，假以时日，家庭里的表达氛围会变得更好，孩子的情绪情感通道也会被慢慢疏通。

给父母的建议

在竞争环境里，父母焦虑情绪多，孩子也容易有焦虑情绪，会经常面临被比较和评价。儿童其实并不需要这些比较和评价，他们依靠好奇心和求知欲就能获得前进动力。父母的期待和比较如果超过孩子的承受能力，会给孩子的健康成长带来压力。

父母可以这样做。

- 倾听和尊重孩子的感受。
- 小学阶段不做向外比较，为孩子提供向内生长的动力。不做横向比较，包括隐蔽的横向比较。中学阶段没必要做比较，孩子自己就会这样做。
- 尝试做纵向比较。爸爸妈妈可以隔段时间和孩子一起坐下来，尝试做纵向比较，尤其是孩子有进步的时候，引导孩子觉察自己的成长进步，明确努力方向，积累信心，迎接新挑战。

父母还可以尝试做以下练习。

1. 不插话练习

每天听孩子说说一天的经历、心情和感受，听的过程中不随意打断和评价孩子。不插话的次数由少及多，循序渐进。坚持3周左右，情况会有改善。练习过程中，爸爸妈妈可以邀请孩子监督，这样也能增进亲子感情。

2.“我”信息练习

使用“我”信息时，说话以“我”开头。当我们对孩子不满意的时候，使用“我”信息能更有效地实现沟通目标，化解亲子冲突，同时能帮助我们觉察自身情绪。此时如果使用“你”信息，容易降低对方的价值感。父母可以邀请孩子一起体会学习。

"我"信息的三段式表达如下。

描述事件 / 行为：描述但不评价，即给出后面信息发生的原因，比如可以说"我看到 / 听到什么"；

表达感受：表达对事件 / 行为的感受，比如"我感觉怎么样"。

表达期待 / 影响：表达事件 / 行为对自己的影响或对对方的期待，比如可以说"我希望 / 期待怎么样"。

父母使用完整的三段式"我"信息，既能明确告诉孩子自己的感受和期待，还能让孩子感受到来自父母的关心和鼓励。

情境 1：爸爸妈妈发现孩子的跳绳速度暂时没达到期望的水平。

使用"你"信息："你的跳绳速度还是这么差。你看林林和文文都是满分。赶紧练习吧！"

使用"我"信息："我注意到上次跳绳测试你没有达到优秀，我也为你着急。我希望咱们把练习放到平时，比如每周练习 3 次，每次 20 分钟。"

情境 2：爸爸妈妈看到孩子的语文成绩没有达到期待。

使用"你"信息："这次语文你才考了 90 分，能排到全班前 5 名吗？以后考试用点儿心，别这么马虎。"

使用"我"信息："我看到这次你的语文成绩是 90 分，阅读理解扣了好几分。我感到很有希望，这方面你有进步空间，每天读 20 分钟课外读物怎么样？"

父母可以鼓励孩子也尝试使用这样的方式和自己沟通。

情境 3：妈妈检查作业时容易发脾气，孩子为此感到烦恼。

使用"你"信息："妈妈，每次检查作业你都会生气，以后你能不能别生气呀？"

使用"我"信息："妈妈，我发现你每次检查到错题就会生气，感到很委屈，我并不是故意犯错。希望下次再有错题，你能和我一起想想解决办法。”

3. 外化技术练习

外化技术是叙事疗法（一种后现代心理治疗方式）的一项技术，核心思想是人不等于问题，方式是把问题客体化，把人和问题分割开。这个方法可以自己用，也可以分享给孩子。

大致操作过程是：给想要探索的问题取名，与其对话（独自进行）或一起谈论（比如父母和心理咨询师一起探索，或者孩子和父母一起探索），目的在于重新评估问题的影响、重构与问题的关系。这个过程也是在重构故事，当新的故事触动我们，成为令人期待的新的开始，我们就可以制订新计划，并在现实中做些探索和尝试。

简要举例如下。

我们给期待孩子不断取得更好的成绩这件事取个名字，比如叫“焦焦”，并和“焦焦”做如下对话。

父母：你什么时候进入了我的生活？

焦焦：4 年前，那时你的孩子刚升入三年级。

父母：你怎么会想到要进入我的生活？那时发生了什么？

焦焦：那时你回想起自己的求学经历，突然意识到如果小学不拔尖，中学就没希望，后面就都没有指望了。

父母：你有什么想问我的吗？

焦焦：有。我想知道，我没来之前，你和孩子相处得怎么样？

父母：那时我们关系很好，孩子和我无话不说，还会和别人说他的爸爸妈妈最棒。

焦焦：我进入你的生活后，发生过什么事情？对你有什么影响？

父母：我变得越来越不满足，一点点提高期待和要求，孩子达不到时我就和孩子吵架。有一次工作不顺利，孩子的成绩也没达到我的期待，我第一次动手打了孩子。那天我后悔极了。之后我和孩子的冲突越来越多，有时感到自己也无能为力。

焦焦：你想从我这里得到什么？

父母：连续三年没有升迁，我不想让孩子重复走我的路。我想让你提醒我。

焦焦：那你怎么看待我的影响？

父母：有时很糟糕。我和孩子没有以前那么亲密了，我们之间的对话时常只有作业和成绩。孩子也不如以前快乐了。

焦焦：那以后，我还要经常来拜访你吗？

父母：最好不要来。如果我忍不住叫你来，我就只和你说。我不想再让孩子听到那些话了。

“总是担心学不会”

——包办型溺爱对孩子发展的阻碍

溺爱＝过度地阻碍。

——武志红《为何家会伤人》

无所适从的榛子

榛子是个受妈妈宠爱的孩子。

小学前的时光是美好的，小学入学成为榛子生活的分水岭。在溺爱的环境中，孩子往往不需要自己思考或解决问题，一切都已被安排好。入学后，这种模式不再适用。他们需要独立完成学习任务，遵守学校的规章制度，与同学友好相处。如果缺乏独立性，此时孩子们可能会感到困惑、无助和挫败。

幼儿园阶段，老师如能及早向父母反馈情况，也许就能对孩子的小学生活适应产生帮助。

问题很快就出现了。棒子无法适应学校节奏，按时完成作业有难度。有时无法完成作业会令孩子对上学产生抵触情绪。

这里面有无法专心的成分——溺爱当然会让孩子分心，占据溺爱者注意力的人都被孩子视为竞争者。数学学习尤其困难。阿德勒对这一点的解释是“那些严重缺乏安全感的人的数据计算通常都很糟糕”。学业“吃力”的状态较长时间未得到改善，他“总是担心学不会”。

有时刚拿到下发的试卷，棒子看一眼成绩就会把卷子直接撕掉——上面有不少空白，完成情况不是太好。即便面对的只是普通作业，棒子也时常难以及时完成。家长、老师和同学都认为他可以完成，经常鼓励和帮助他，但作业完成情况仍时好时坏。

守纪律方面也有一点困难。课堂上，棒子偶尔会忍不住起来活动一下。多数时候，棒子能安静地坐在座位上，但时常无法跟上老师的节奏，而是做自己想做的事情，比如画画或做手工，或者趴在桌子上发呆、神游。

棒子在学校很孤单，难以交到朋友。一方面，由于从小主要关注妈妈的爱，围绕着妈妈生活，缺乏同伴交往的经验；另一方面，由于习惯了和妈妈的近距离照护，导致难以保持合适的交往距离，常会侵入同学的边界，比如不打招呼就拿走同学的文具。他对同学的情绪反应难以感同身受，因为从小他自己的感受如何对于家人也不重要，家人按照自己的想法而不是棒子的需要去照顾他。

棒子的脾气不大好，尤其爱生气，偶尔会冲动。比如有一次他想加入同学们的游戏，等待回应时突然上去扯住了对方的衣袖。棒子时常对着作业生气，无法快速进入静心学习的状态。遇上妈妈出差，他的心情就更加不好。

被包办溺爱的孩子的特点

被包办溺爱的孩子对边界的感受弱。习惯了依赖，允许他人侵入自己的边界，也会侵入他人边界。管理情绪和行为方面，被溺爱的孩子很难经历自我调节情绪和行为的学习过程，会在课堂纪律、集中注意力、人际交往中处处碰壁；容易分心，家里如果有兄弟姐妹的话，更加如此。他们不太懂得如何分享和尊重他人，这会导致与同学相处困难重重，甚至可能会受到排斥和孤立。还有一点影响巨大：包办溺爱限制了自我探索和自主性的发展，孩子难以获得独立人格。

被包办溺爱的孩子入学后面临的新挑战同样会在家庭内部上演。通常来说，有了学业压力后，即便父母当初都溺爱孩子，这时候也会有一个人清醒过来，觉得不能再这样下去。

父母在教养方式上的冲突剑拔弩张，家里也成了孩子要面对的战场。孩子对彻底转向的爸爸或妈妈生出了惧恨，以往能得到的妈妈或爸爸的宠爱和赞美也被逐渐收回。慢慢地，孩子会感觉自己一无是处，孤立无援。

我将被包办溺爱的孩子的特点总结如下。

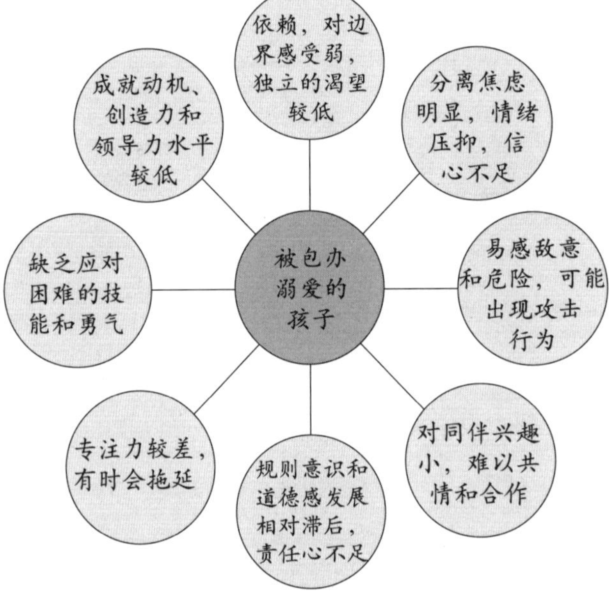

被包办溺爱的孩子的特点

目前教育界提倡培养孩子的社会情感能力。社会情感能力主要体现在自我意识、自我管理、社会意识、人际关系技能和负责任地决策5个方面。包办溺爱不利于培养孩子的社会情感能力。

从溺爱到依赖

溺爱有两种：包办型和纵容型。包办型溺爱的父母会安排好孩子的一切，孩子不用动手，不用自己去解决问题。

一边有溺爱，另一边就有依赖。依赖是人类天然的心理现象和情感需求，是正常的成长需求，尤其是在婴幼儿阶段。不被溺爱的孩子也会有依赖，其他情况也会造成依赖。例如研究者发现，孩子高程度的依赖和父母用撤回爱作为惩罚手段显著相关，这种惩罚手段中就包括威胁说要抛弃孩子。这可能是溺爱的控制，也可能是其他控制。造成孩子过度依赖还有其他可能，比如被父母拒绝、父母吵架和相互贬低、被做不愉快的比较，等等。

有一次，我给一个孩子做完辅导后发现，这个孩子缺少父母的关爱，于是和班主任了解家长的情况。家长的说法是他们溺爱孩子。我听了感到很惊讶，这个孤独的孩子很少得到父母的关注，经常独自玩耍，父母却将这种方式称为溺爱。父母是否真的溺爱孩子需要从具体态度和行为方面做辨别。

溺爱者把孩子和自己拴在一起，本质上是要控制孩子。溺爱者还有可能向孩子传递如果孩子和自己分离就会收回爱，这会使孩子压抑自己的分离倾向。父母或祖父母过度保护孩子，就会促进其依赖性，造成过度依赖，孩子还会因此担心这些家人的健康。这些沉重的心理负担不利于孩子健康成长。和包办溺爱的父母见面，我们很容易确认谁在主导溺爱：这个人会一再为孩子辩护。埃里克森认为：“父母能在何种程度、何种范围上给予小孩子自主感，取决于他们从生活中得到的尊严与独立感。同样地，信任感反映了父母坚定而现实的信仰，而自主感反映了父母作为个人的尊严。”

被包办代替的孩子很少会主动提及被溺爱的体验，有些甚至长大后也是如此，那时对父母的感受更为复杂，爱恨交织。如果一个人一直觉得无法独自生活，需要别人“罩着”才行，就会不惜一切努力与他人建立非常亲密和安全的关系，淡化分歧和冲突。这种需求是有安全依恋的人所无法满足的。正如英国心理学家奥利佛·詹姆斯所说：“缠人型依恋者的脆弱和情感流露，迫使回避型依恋者走出自我封闭，与之发生关系。回避型依恋者感情迟钝，能够应付缠人型依恋者的强烈情感需求；更有安全感的人很快就会发现，缠人型依恋者的情感需求让人受不了。”

怎样理解孩子

被溺爱的情况有时发生在三代同堂或祖孙独自生活的家庭。祖父母、外祖父母在格外疼爱孩子的过程中找到了自己的价值感和在孩子心目中的重要性，容易服从孩子的要求。有了祖父母的溺爱，孩子觉得想要什么就有什么，很有权力。

被溺爱的情况有时也发生在核心家庭，父母一方或双方溺爱孩子。如果一味要求孩子对自己感兴趣，孩子慢慢就会排斥别人，会一直寻求父母的帮助。用阿德勒的话说就是：“让母亲分散注意力的人都会成为孩子的敌人。”

包办代替的情况下，父母对孩子的空间侵入较多，过度保护和控制，留给孩子的个人空间十分有限。正常情况下，孩子随年龄成长逐渐独立，亲子之间的边界将逐渐清晰。

溺爱是一种控制型的爱，具有强迫性质，势单力薄的弱小孩子必须接受，这严重阻碍着孩子的身心成长。被迫过度依赖，孩子就会一直像个长不大的孩子，容易过度焦虑，这些都是从不安全依恋的经历中发展出来的。儿童的自主性建立和发展于安全依恋之中，被包办溺爱的孩子发展自主性的机会很少。如“依恋三部曲”中所说：稳定发展的人格中，高水平的自主性与能够信任他人、依赖他人的能力是结合在一起的。

包办溺爱型父母对孩子的内心感受和成长需要往往视而不见，

这阻碍了孩子对自己的探索。孩子不主动探索自己的感受，认识自己依赖于别人的定义、父母的愿望。在这种家庭教养方式下成长的孩子，到了青少年期成就动机一般也比较低。另一方面，被宠爱的孩子对他人的感受也不敏感，比如棒子。这些孩子还会害怕黑暗和独处；在陌生环境容易紧张；有时可能会出现敌对、攻击和不负责任的行为。

到了青春期，被溺爱的孩子会产生叛逆的冲动——他们发现了迷失的自己，想要重新做自己。被溺爱和被以其他方式控制的孩子将逐渐有一种感觉，他们好像不是为自己而活。事实上，四五年级的孩子已经产生这样的疑惑：我是不是被家人控制了？其中一些孩子会逐渐觉醒，开始抗争。

有时候，孩子们的敏感和智慧令人惊讶。一方面，被溺爱的孩子努力想获得溺爱者的关注；另一方面，孩子在排斥其他人和环境要求的过程中注意到了自己和同伴的不同，产生了改变的动力。当无法通过正常途径传递心意时，他们可能会通过叛逆行为呼喊和求助。但也有一部分孩子会丧失反抗动力，有的可能是因为反抗失败而失去信心，有的是因为缺乏独立的勇气而保持对家长的迎合。他们从小都在听父母表达对自己的爱，为自己做了很多牺牲，自己又怎能埋怨父母。另一些孩子则要等到将来成家以后方能觉醒。其余一些孩子，将来甚至无法离开父母独立生活，他们可能永远没有机会觉醒。一个孩子如果一直没有机会承担家庭责任，会从小时候对父母依赖变成长大后对父母索取。一些重男轻女家庭中的儿子就发生了这样的转变。

怎样帮助孩子

对于家庭来说，家长需要调整并统一教养方式；逐渐减少对孩子的溺爱；引导孩子独立思考和解决问题；鼓励孩子表达未被满足的需要和日常感受；鼓励孩子应对学业挑战并提供必要帮助；鼓励孩子参加各种活动，提高社交能力；和孩子玩同伴互动角色互换游戏；扩大孩子的独立成长支持系统，比如加强和社区的联系；培养孩子的兴趣，比如参加一项体育运动，发展孩子的抗挫力，等等。阿德勒在《儿童的人格教育》中这样说:“父母应该避免以溺爱的方式美化现实，也应该避免以悲观消极的方式向他们描摹现实和世界。他们要做的工作就是尽其所能地让孩子为迎接未来做好准备，这样，儿童在以后的生活中就可以照顾好自己。如果儿童还没有被教育如何面对困难，那么他们将会寻求避免生活中的每一种艰难困苦的方法，从而导致生活圈和活动圈越来越狭窄。”

对于学校来说，可以提供的支持有很多，比如开设关于独立成长和社交技能方面的课程，帮助孩子更好地适应学校生活；课堂上使用积极提示（牌），学习上帮助和鼓励孩子，增加积极反馈，通过朋辈互助促进其学习和社交发展；鼓励孩子参加集体活动；加强家校沟通，相互反馈孩子日常行为并商量解决办法，为家长做教育指导和培训，帮助家长更好地理解和支持孩子，等等。

“我的努力家长怎么看不到”

——赋予努力意义 vs. 赋予努力无意义

无论怎样努力，父母还是不满意，这是非常痛苦的事情，生命可能也因此受到破坏。很多人就这样白白地活了一辈子，永远不能让别人满意，也永远不能让自己满意。这种感觉和当初父母的情感隔离有关。

——曾奇峰《适度的防御》

父母看不到孩子的努力，孩子就会看不到自己的希望。带着未被满足的愿望（被父母承认努力）和未能表达的情绪，孩子依然努力向前，父母的奖惩强化了孩子对目标的重视。然而，孩子一直在努力，跑向的却是一个无法抵达的目的地。

承认努力是对孩子的鼓励

孩子们被认可努力的时候有一种幸福感，能受到鼓励。

有个女孩很喜欢画画。有一次，女孩给老师画了一张头像并送给老师，老师一直把这个礼物摆在办公桌上。老师对女孩说她很努力，有进步。女孩认为老师给了她很多帮助和鼓励。如果被问最喜欢哪位老师，女孩第一个想到的便是这位老师。

有一次，女儿考试成绩不理想。晚上见面后，她告诉我一上午都没有心情修改错题。我对她说努力了一个学期，最后成绩不理想，确实令人沮丧，但所有的努力都有价值，哪怕被证明需要调整努力的方向。她没有告诉我当时的感受，不过我看到她恢复了笑容。

全球竞争的局面将孩子们也拖入了泥潭，经常面对竞争对于大脑迅速发展的儿童青少年来说是一种消极经历，脑回路就在这个过程中形成了。在竞争环境中长大的孩子，成年以后遇到压力还会做赶考的噩梦。从竞争视角看，结果颇为重要，甚至是最重要的，这会让孩子们长期处于紧张焦虑之中。不少孩子喜欢看恐怖电影、玩恐怖刺激的游戏，甚至会自己写恐怖小说，这主要是因为他们内在的紧张和压力感无法释放。

对紧张焦虑的孩子承认努力有额外意义——降低孩子的紧张度，引导孩子从关注结果转向重视过程。重视过程才可能让孩子真正爱上一件事。

不承认努力是对孩子的打击

有一天，有个孩子好奇地问我，为什么班里发生冲突的大都是学习不错的同学。我想起另一个孩子和同学分享的经历：

有一次，这个孩子的数学好不容易考了100分，高兴极了，心想这回妈妈肯定不会拿自己和同学作比较了。没想到妈妈刚笑了几秒钟，就问班里有多少同学考了100。当听到答案后，妈妈立刻收起笑容，取消了奖励。孩子难过极了，觉得自己的努力没有任何意义。第二天，妈妈说要恢复奖励，可是孩子一点都不开心。

短短几个小时，孩子就从欣喜走到了绝望。如果努力没有意义，那么一切也就失去了意义。高中女生钟华的痛苦就是因为察觉到了努力没有意义、没有成就感，因为自己无论怎么努力都不能令妈妈满意。

“妈妈说我‘学习不努力’，这对我打击很大。有两次，我听到妈妈告诉别人我不爱学习或者我不努力学习。听她这么说，我感到很灰心。”一个孩子伤心地说。

“妈妈的要求比以往严格了，数学要求考满分。上次我数学考了91分，妈妈很不满意。难道我努力得来的91分没有任何价值吗？”另一个孩子向我发出了有力反问。可孩子们往往并不敢向父母这样提问，通常是因为成绩不理想时，认为自己没有资格再提这样的问题。

有一次，草莓哭了好长时间，原因是数学测验被扣了几分。停止哭泣后，她说出了自己的担心。草莓担心成绩没考好被妈妈骂，担心妈妈又会说自己不认真、不努力。她并不认可妈妈的这个评价，可又无力反驳。草莓很羡慕同学的家长能容纳不同成绩，能看到同学的努力。如果我告诉草莓她的成绩已经很好了，草莓会觉得不可信，因为在妈妈眼里，只要不是满分，就都不值一提。

我鼓励草莓向妈妈表达自己的感受和期待，表达方式类似前面分享过的“我”信息。表达分三个部分：事情（原因）＋感受＋期待。比如：

“今天我的数学成绩比上次低，我觉得有点儿遗憾和着急，希望妈妈能给我一点儿安慰和鼓励，让我有勇气继续努力。”

当时草莓还陷在担心、害怕里，觉得我的建议不大有用。第二天她高兴地告诉我，这一次妈妈竟然没有生气，还安慰了她。我也跟着松了口气。

度日如年，这种体验一般发生在成年人身上。出成绩的日子，不管是小测试还是期末成绩，是一部分孩子度日如年的日子。这种体验发生得太早了。这个体验的核心就是努力没有意义，没有带来成就感，努力再次付之流水。孩子们这么想，表明其思维方式已经受到影响和限制，学习的快乐体验也将随之慢慢被侵蚀掉。

孩子们对待自己的学业都有上进心，都在付出积极努力。而且，孩子们自己也会和同学做比较，从中找到自己的不足和努力的目标。父母如果不相信孩子的努力，也就掐灭了孩子原本明亮的满载着希望的烛火。

孩子的努力想要被看到

确实有少数孩子学习很轻松，家长可以为其提供更大挑战，鼓励其勇气和不怕困难的一面。多数孩子需要付出较大努力；另有少数孩子，需要使出全身力气才能跟上学习，这些孩子都需要被肯定努力和成果。

“我的记忆力很差，经常背了后面忘记前面，再背前面时又忘了后面，这让我十分苦恼，每次都要用很长时间才能完成背记任务，而且还不够熟练。家里人说我一天到晚不认真，一心只想玩，但我知道是我的记忆力不够好。我努力了，但没有结果，更没有人鼓励我。”

“妈妈要求我必须考到优加，我觉得妈妈的要求太高了。我给自己定的目标是语、数、英三科都考优秀，妈妈觉得我对自己要求太低。可是，我考到优秀就要付出很大努力，不能保证更多。为什么她的要求这么高？总让我担心达不到。”

“这学期我的成绩进步明显，但是爸爸妈妈对我还是不满意，认为我没有努力，不应该只得到这些成绩。我没有努力是上学期的事，这学期我很努力，但还是被他们误解和嘲笑，所以我总忍不住会在心里面骂他们。”

有一次，有个孩子测验未达标，我询问孩子希望和家长说什么，孩子告诉我希望家长能看到自己的努力。

当孩子们努力有了成果和成就感，第一个想要分享的就是家人。当他们激动地回到家，迫不及待想要分享的时候，会期待得到怎样的回应？是为他们迎难而上感到骄傲，为他们努力有收获感到欣慰，为他们认真完成自己的事情而高兴。有的孩子高高兴兴回到家，迎来的却是一场空欢喜。比如这样的经历：“上四年级后，我的语文成绩一直没上过 90 分。这次期末考试，我梦想成真，语文考了 90 分。我高兴极了，一到家就把这个好消息告诉了爷爷。结果爷爷说考了这么点儿分还好意思说出来。”

家长的高期待、高标准及对努力的不认可，对孩子造成较大的学业压力和情绪问题，表现为担心考试失败、逃避、厌学、情绪冲动等。比如孩子做错题后本来是能接纳自己出错的，并不会因此否定自己的努力，只是能力暂时还达不到把题全部做对的水平。可父母不一定这么认为，可能会对孩子说不可以出错，出错是因为不认真、不努力。慢慢地，孩子就会不愿意让父母检查作业，害怕父母否定自己的努力和态度，对学习的兴趣也会下降。我们来感受一下孩子的内心体验：

“我不喜欢妈妈监督我练琴。昨天练了5次考级曲目，妈妈说没听到，还得再弹5遍。我也不喜欢晚上和爸爸一起跑步。我用尽全力跑，爸爸总是说太慢了，一点儿都不认真！我宁愿跑步不及格，也不想让爸爸误会我没有努力。”

孩子们的感受非常敏锐，当努力做的事不被认可时，孩子们通常有两种归因方向：第一种是没有成就感，自我价值感也很低，并把原因归结为自己不好所以没有达到父母的要求；第二种是觉得父母不好，才会看不到自己的优点和成绩。对于大部分处于高要求低认可家庭中的孩子，第一种归因是主导方向，这些孩子将来可能会有抑郁倾向。选择第二种归因方向的孩子，有的会在青春期用成绩下降、学业失败来报复父母或自暴自弃，将来可能会出现过激行为甚至反社会倾向。

有些人可能会觉得青少年陷入抑郁和焦虑状态有点不可理解。实际上，这些情绪问题就是一点一滴的日常压力积累而来的。这种生活就是：虽已竭尽全力，仍不能令父母满意，剩下的只有遥不可及的父母的期待，以及潜藏心中的无力和挫败感。假使我们的努力一再被否定，看不到希望，情绪低落，长期疲劳，生命力被无谓消耗，恐怕我们也承受不了这样的生活，终至成为碌碌无为、郁郁寡欢的成年人。

给父母的建议

- 发现、看到孩子的努力，表达对孩子努力本身和努力成果的肯定，让孩子感受到努力的意义感和成就感。
- 让孩子确信不论成绩如何，家都是向他们敞开的。即使成绩下降，爱也没有变，甚至更多。
- 接纳孩子出错，鼓励孩子挑战错题、难题。当孩子校内成绩下降时，不盲目追加校外课程。
- 和孩子一起明确学习目标，需要时及时调整。不要把孩子的时间安排得太满，给亲子 - 同胞互动、运动、做家务和兴趣爱好留出时间。

“将来，我比不上爸爸”

——面对父母高学业成就和高职业成就的压力

> 通常情况下，如果父亲是成功人士，且非常优秀，那孩子就会觉得超越父亲简直是天方夜谭。这样，孩子的成长过程就会充满挫折感；他们的人生兴趣也会大受阻碍。……如果一个父亲在事业上非常成功，他绝不应该在家庭中强调这一点，否则孩子的发展就会受到阻碍。
>
> ——阿尔弗雷德·阿德勒《自卑与超越》

取得高学业成就的父母体会过成功“上岸”的喜悦。有些父母学业、职业发展样样出色，属于双重高成就父母。这些父母在学业方面较少有未完成的愿望，似乎没必要“卷”孩子的学习。实际上，对孩子的学业高期待也普遍存在于这些父母当中。

孩子生来就是要超越父母的。有些孩子很不容易，比如教授的孩子、企业家的孩子、政治家的孩子、明星的孩子，其他各行各业精英的孩子，高考状元的孩子，还有那些自认为很了不起的人的孩子。假如一个孩子的家人功成名就，粗略想想，大家很可能会羡慕这个孩子。可孩子本人呢，怎样才能超越父母呢？单是想想就可能会令孩子心生畏惧。再比如美国总统老布什的两个儿子——小布什和他的弟弟杰布（曾任州长）。兄弟俩对父亲感情复杂，杰布曾说："像很多人一样，因为父亲太过优秀了，我们会产生一种失败感，觉得自己比父亲差很多。"一语道出兄弟俩的挫败感。父母越是优秀和成功，越要在对待孩子的方式上多加注意。

孩子对父母高学业成就的感受

父母向孩子展示自己的高学业成就这件事有风险；如果变成变相比较（比较的对象从别人家的孩子变成父母自己），事情就会变得凶险。

当被比较的对象从别人家的孩子变成自己的家人，随着距离的拉近，孩子承受的压迫感和挫败感很可能会增强。

腰果的父母学业出众，有时会说腰果不如自己当年成绩好。第一次听说爸爸妈妈小时候成绩很棒的时候，腰果觉得他们好厉害，自我激励将来一定要像父母那样，好好学习，学有所成。后来，当妈妈多次提起自己和爸爸的学业成就，腰果越来越不想听，动力渐渐变成了压力，一考试就会紧张。腰果对超越父母也失去了信心，觉得没有能力超越他们，对自己感到越来越失望。

如坐针毡、紧张、有压力、没信心、沮丧，这些都是腰果的真实感受。有些各方面都很优秀的孩子也有这种担心：一旦成绩达不到父母要求，爸爸妈妈又会讲自己小时候学习有多厉害。有的妈妈还会告诉孩子自己小时候学习从来不用妈妈操心，抱怨孩子上小学就把她们累坏了，以后上了中学，孩子不可能达到自己的学习水平。妈妈们这么说的时候，孩子们感到很委屈，觉得自己笨，即使再怎么努力也不可能比妈妈学习更好。

有一次，我和侄子阿铖聊天，得知他也有过类似经历。此时他已成年，并已参加工作，但说起往事仍历历在目。

阿铖：姑姑，你知道吗？我上小学和中学的时候，是在你的阴影下长大的。

我：不可能吧？我上大学的时候你还没上小学呢。你上学以后，咱俩一个学期才能见一次面。

阿铖：不是你直接造成的，是我爸爸。

我：你爸爸做了什么？

阿铖：我上小学的时候，晚上睡觉前爸爸会和我聊聊天。我一躺下，他就开始说你小时候成绩如何好。关键是他经常这么说，后来我就很抗拒听到这些。

我：我不知道给你带来这么长时间的折磨。

阿铖：要不是你对我好，我早就烦你了。小时候我得了鼻炎，你就从天津和北京给我捎药，后来接我去北京玩，还在中央美院给我买了本很重要的参考书。我把那本书都翻烂了，后来我参加高考和大学期间的专业课成绩都非常突出。

我：那你中学期间，过得也不容易吧？

阿铖：确实是。那时候周围比我大的男生叫我出去玩，一般叫好几次我才会出去一次。出去玩我会有一点儿内疚，好像辜负了爸爸妈妈盼我上大学的心愿似的。想知道我大学毕业后，为什么拒绝你给我介绍工作吗？

我：　想知道。

阿钺：我就是想证明一下，我自己可以。

我：　你已经做到啦！

可以看出，这件事情和我有关又无关。这个例子给我们两点提醒。

一是父母经常向孩子展示亲友的高学业成就增加了新的风险，这个风险主要是关系风险，也就是说除了影响亲子关系，还可能会影响孩子和第三人的关系。

二是这种展示和比较对孩子学业成就的影响结果是不确定的，即便有动力作用，也非孩子内在自发，还可能会使孩子的努力偏离方向。

试想一下，如果被比较的人换成天天在孩子面前出现的父母，那样对孩子的冲击强度就会更大，结果也会更加不确定。

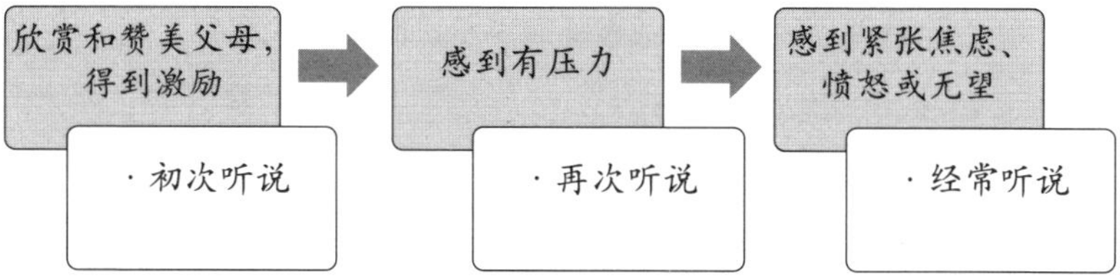

孩子接收父母高成就信息的心理变化

给父母的建议

在城市里，高学业成就和高职业成就的父母很多。我自己居住的楼里就有邻居是院士。有一次我和女儿开玩笑说：别人看到的都是院士发表高见，我们却能看到院士爷爷倒垃圾。

作为高成就父母，很多人还没想好该怎么做。一方面，父母想要在孩子面前树立自己的形象，这一点无可厚非。另一方面，这些父母又会有所担心。这里对高成就父母给出 3 点建议。

第一点建议：父母的成就只对孩子说一次

为便于读者记忆，我取了这个标题；说两次一般也不会有什么问题。有的父母可能会担心只说一次孩子容易忘掉。这个担心大可不必。如果孩子不再提及，很可能就是不想提及，尤其是青春期的孩子。如果父母真的厉害，孩子自己也能察觉，孩子自己察觉出来的可能对其成长更有价值。总的来说，高成就父母不仅应该避免多次提及自己的成就，更要绝对避免拿自己的成绩和孩子的作比较。父母可以多次和孩子讲述配偶的优秀品质和具体事例，这样做对孩子有多重益处。

第二点建议：父母可以适当向孩子承认自己的不足

多数父母都有过学业成绩不佳的经历，或者某段时间工作进展不顺利，这些部分偶尔可以和青春期子女聊一聊，让他们有信心超越我们。如果你是金字塔顶端的父母，可以更多地和孩子分享内心柔软、温暖的部分，以减轻孩子的压力。资深心理治疗师贝贝尔·瓦德茨基曾说："如果父母向孩子承认自己的不足，让孩子体会到他们也有自己的需要和感受，孩子就能学会客观地认识父母：父母也不是无所不能的，有能力，有强项，也有不足。这样，儿童就不会被迫将父母理想化，不会一生都在追求成为无懈可击的人，通过与父母的接近，自己的价值也提高了。”

父母吐槽自己要有所节制。曾奇峰说：“所有父母都应该记住，在孩子面前我们要足够自律，我们不一定真正完美无缺，但是也不要随意在孩子面前展现我们过于不完美的地方。我们要给孩子将我们理想化的机会。孩子只要能够把我们理想化，他的人格就会在一个健康的框架里慢慢地生长。”

第三点建议：欣赏并且相信孩子

每一代人追求的学业成就和价值成就不尽相同。高成就父母当初求学可能还背负着为家庭争取荣光的使命，现在的孩子更多是要追求自我价值，通常不需要承担家庭经济负担。这是高成就父母带给孩子的福祉，其他的福祉还有成功的经验等。既然如此，那就给孩子更多空间，欣赏他们的特点和优势，欣赏他们的努力和探索。

相信孩子。总有一天，他们会有自己的梦想和追求梦想的力量，父母相信孩子，就会为这个力量添加更多能量。相信相信的力量，而不是期待孩子复制自己，或者一味要求孩子听从自己的建议。这是新时代的为人父母之道。

阅读体会

关于自己

关于孩子

第五章

孩子向往的陪伴

“盼望回奶奶家”

——早期亲子分离／疏离的持续挑战

我们有理由相信，在生命的头三年里，个体如果经历了长期的分离或者反复出现的分离，那么分离将会永远存在于他的生活中。

——约翰·鲍尔比“依恋三部曲”

专业人士为终结早期亲子分离做了不懈努力。1990 年以前，很多城市的医院产科实行母婴分室，后来才陆续有了母婴同室。30 年前，县城和农村的孩子通常在家里出生，一出生就享受母婴同室的待遇，当然母亲也承担了生产风险。农村孩子从幼年直至出门求学或结婚，离家的情况相对少。

近些年随着社会的发展，早期亲子分离的情况又多了起来。“早期”是相对的，可以理解为孩子 3 岁以前、6 岁以前，也可以从发展的视角理解为整个未成年期。本文主要讨论的是 6 岁前的亲子分离和疏离。农村地区外出务工人员较多，这种情况相对比较普遍。城市里少很多，但情况也较为复杂多样。

早期亲子分离的感受持久且弥散

美国心理学家安斯沃斯和她的学生将婴儿依恋的类型分为安全型依恋、回避型依恋、反抗型依恋以及混乱型依恋。我们也可以将之概括为安全型和非安全型依恋两类。人的依恋类型不一定终身不变，但大部分情况下会保持稳定。经历早期亲子分离的儿童通常会成为非安全型依恋个体，这也是父母应尽量避免这种情况发生的主要原因。

女孩核桃上小学前和爷爷奶奶一起生活，入学后回到自己家住。早期分离结束后，父母和孩子才能真正体会到先前分离的影响。

和爷爷奶奶的分离令核桃长时间感到不适应。她经常想念他们，盼望见到他们，希望跟他们一起放松地生活。和爸爸妈妈一起生活令她感觉别扭，不能放松。这种感受上的差异体现在很多事情上，比如想吃什么饭、想和谁玩、想去什么地方、想买什么玩具、有哪些烦恼，以及题会不会做、有没有考好，等等。这些想法和困难核桃只能放松地告诉奶奶，对爸爸妈妈却三缄其口。发生肢体接触时，这种感受上的差异同样存在：和奶奶拉手很开心，被爸爸妈妈拉手则感到不放松。

核桃说的区别具体形象，连每句话的语气语调都能传递出感受上的差异。

孩子们进入中小学阶段后，有的家庭亲子分离仍在继续，有的家庭亲子重新团聚。在北京生活和工作中，我接触过一些非京籍儿童。他们小学阶段在北京读书，升初中时一般会转回原籍，或者出国留学。六年级期间，那些将要独自返回原籍或出国的孩子情绪波动比较大，对未来的生活感到忐忑不安。比如一个男孩会不断问我：回老家后我住姑姑家，我能和姑姑相处好吗？孩子说自己对这一点没有任何把握。

在农村生活的中小学生承受着比城市同龄人更多的分离之苦。农村进城务工人员中，有的在子女上中小学阶段就出来打工，有的甚至在孩子婴幼儿阶段就已经离开家庭和家乡。前面提到的那位安徽大姐，她婆婆的9个孙子孙女离开外出打工的爸爸妈妈时，年龄最小的只有3个月大。有好些年，她的公公婆婆要同时照顾7个孙子孙女，可以想见老人小孩境况之艰辛。目前各地县镇都有基础学段的私立学校，多数就读的孩子就来自外出工作或虽在本地工作却无暇照顾子女的家庭。童年时与父母分离过早、过多对一个人的终身成长都有影响。期待城市能满足外来人员子女在基础教育学段的就学需求，这关乎孩子们的长远成长。

如果学龄前和学龄期被寄养的孩子能逐渐谈一些感受，父母应留意并及时调整生活安排。一次外出中，一位出租车司机和我分享了他小时候被寄养的感受。他和他的孩子在小学阶段都有过这种经历。以下是这位出租车司机和我的对话。

出租车司机：我儿子有几年被送回老家，是幼儿园大班那年送回去的，和姥姥一起生活。上初一时我才把他接回身边，孩子和我在一起话很少。

我：孩子有很多怨气和怒气吧。

出租车司机：估计是，孩子硬说是被我和他妈抛弃了。

我：孩子是真的感觉自己被抛弃了。当初分开的时候，有没有给孩子解释清楚原因？告诉孩子这么安排不是孩子的原因？

出租车司机：上五年级的时候给他解释了，感觉那会儿孩子能听懂了。后来发现他还是不太能理解。

我：还是埋怨您了。

出租车司机：是啊，有什么可埋怨的呢？那时候生活多困难。

我：现在往回看，那时候把孩子留在身边，生活也能继续吧？

出租车司机：说的也是。我小时候，也是这个阶段，被我妈妈送到外地姥姥家了。后来，我心里确实也有埋怨。

我：在姥姥家那段时间，您是什么感受？

出租车司机：我就整天迷迷糊糊的。不知道自己是谁，从哪儿来的，以后要去哪儿，想不起来爸爸妈妈的样子。哎呀，感觉很不好。成年以后，我也一直缺乏爱别人的能力。

我：这就是您孩子的感受。

出租车司机：那还真是不好受呀。

我：您的儿子可能很长时间都会被困在这种感受里。

出租车司机：现在我儿子上大学了，这几年都不大愿意和我说话。辅导员最近来电话说孩子有心理危机。

我：以前有没有发现什么异常？

出租车司机：我儿子9岁那年，我回了趟老家，感觉孩子有点儿不太好。

我：那时候您做了什么？

出租车司机：我把我儿子送到他舅舅家了。舅舅家有同龄孩子，想着有个伴儿能好些。

我：孩子上初一时回到您身边，您是怎么安排的？

出租车司机：我把他送到寄宿学校了。

我：孩子真不容易，被推出去几次，比您小时候更难。

出租车司机：辅导员建议去专业医院做心理危机排除，可他不愿意去。我不知道该怎么办才好。

我：　您有类似经历，先帮孩子把他小时候的委屈、抱怨、愤怒、伤心都说出来，让孩子也多说说他的感受，能哭出来最好，您把孩子的情绪都接住。慢慢心靠近了，孩子可能就会愿意去医院了。

从很多故事里我们看到，生命早期的分离对一个人的影响持久而弥散。

早期亲子分离的影响

从这位出租车司机的故事里我们发现：早年有过分离（焦虑）的人会创造更多分离（焦虑）。对待这个问题，我们要足够清醒，尽可能切断代际传递链条。

不同阶段的亲子分离、疏离对孩子成长的影响不尽相同，孩子年龄越小越要避免发生，尤其是母婴分离和疏离。亲子联结得怎么样，其影响在孩子的幼儿园和小学阶段十分明显。那些6岁前有过亲子分离、关系疏离的孩子，情况好些的，可能会担心在班里找不到朋友，不受欢迎，或者担心好朋友会离开自己，老师不喜欢自己；情况严重的，孩子可能始终像是一片浮萍，在学校和班级找不到归属感、扎不下根，就是每天飘飘忽忽、心猿意马，仿佛流离失所。那些在胎儿阶段或出生后就不受父母欢迎的孩子处境通常更加糟糕。很多小学女教师有过这样的经历：有的孩子经常想拥抱或以其他方式靠近我们。这些孩子通常对自己和妈妈的关系感到不够满足。

亲子分离、疏离对孩子的成长影响很大。童年早期和中期有过寄养经历的孩子通常会建立起“我不受欢迎，没有生存权利”“我不够好”的认知模式。即使是被送去至亲家庭生活，孩子也会对自己和父母产生诸多疑问。进入青春期后，父母和孩子仍将面临极大挑战。对于“我是谁”这样的青春期难题，这些孩子将难以面对。那些一直和父母在一起并被父母深爱着的孩子就有底气和勇气去面对这样的疑问。家里如果有两个孩子，一个经历过早期亲子分离，另一个没有，这两个孩子在家里的处境可能截然不同。

举个例子，有个女孩3岁前和姥姥在老家生活，到了小学阶段，她有了新烦恼——她发现妹妹想要什么都会直接告诉妈妈，她自己连买5块钱的东西都不敢说出口。做噩梦是这些孩子的另一个烦恼，有的孩子会反复做同一个噩梦。梦的内容体现出分离（死亡）焦虑、恐惧等情绪，比如溺水、被追杀、被幽深的黑暗笼罩，等等。

亲子分离对孩子情绪的影响，有些是由于分离本身导致，有些是分离的影响间接造成的，比如父母不在身边时孩子可能会受到更多欺凌。有些父母因为工作原因较早离开孩子，孩子跟着老人生活或住校，进入青春期后，这些孩子情绪不稳定、受困于情绪旋涡的情况比较普遍。“依恋三部曲”中有这样一句话：“一段时间的分离（也可以是分离的威胁）以及其他形式的拒绝都会引起儿童或成年人的焦虑和愤怒行为。”

英国精神分析学家温尼科特曾写给家长这样一段话：

足够好的环境性供养，是稳定可靠的，可以预测的，也是符合孩子的发展阶段预测能力的。而无法预测的、不可靠的环境，则自动打破了孩子成长发展过程的连续性。当发展被打断之后，孩子在“现在”和“作为根基的过去”之间的连续谱上有了一个缺口。那就得有一个新的开始。但如果这样的“新开始”太多，将导致孩子受挫，无法感受，也不能清晰地感受到——我是谁，这是我，我存在，是我在爱，是我在恨，人们看到的那个人是我，当妈妈来时我在她眼里看到的那个人是我，我在镜子里看到的那个人也是我。不能清晰地感受到这些，孩子的成长发展过程就会歪曲变形，因为孩子人格发展的“完整性”被破坏了。

早期亲子分离不仅对孩子的一生有影响，对父母自身也有影响。亲子团聚后，父母重新和孩子相处，也会感到不放松。比如可能会看不惯孩子的习惯；亲子交流不太顺畅，甚至哪句该说哪句不该说都不好把握，并为此感到苦恼。有了这些感受，有些父母更能体会孩子的不易。对于父母而言，更大的影响发生在亲子关系方面。

很多孩子和父母的依恋关系并不平衡。这种情况比较常见，完全平衡只是暂时状态，亲子关系发生阶段性变化或者说阶段性不平衡是正常情况。有些不平衡需要得到重视，比如儿童早期与爸爸长期分离，不管是儿子还是女儿，都更容易和妈妈建立依恋。如果女儿与父亲建立了非安全依恋，那么她在未来的亲密关系中可能会面临一些挑战，同性友谊关系可能会相对顺利，但在竞争性的友谊关系里容易受挫。与父亲的非安全依恋也会给男孩的成长带来消极影响。

有些家庭并没有发生早期亲子分离或疏离，亲子关系（尤其是母子或母女之间）的问题体现为过于紧密。这种情况如果持续发生，原因多半来自父母自身早期不安全依恋的影响。父母自身如果分离焦虑严重，孩子的分离焦虑很可能就会加倍，可能会有下面这样的感受。

“我每天都不想上学，不想进学校，不想进教室。我只想和妈妈在一起，离不开妈妈。”

“我最近经常有一种不好的感觉，担心会发生不好的事情，担心爸爸妈妈会突然消失，担心家里的小猫会突然死掉，担心学校会发生地震。我不想来学校。”

无论是孩子的分离焦虑还是父母自身的分离焦虑，情况严重时，孩子可能会阶段性地无法上学。

孩子需要的帮助

经历过早期亲子分离、疏离的儿童依恋结构一般比较复杂。比如有的孩子和早期代养人姥姥或奶奶甚至保姆建立了安全依恋，和父母建立了非安全依恋。问题在于，这种安全依恋关系相对脆弱，可能会在孩子幼年时戛然而止，比如爸爸妈妈把孩子接回身边，或者保姆辞职。与父母的安全依恋却能影响孩子的整个生活面貌，有强大的辐射性。当然，哪怕只有一个人带给孩子早期安全依恋，孩子面对成长的挑战就能多一点资源。

《解码青春期》的作者乔西·西普认为：“适应力强的孩子唯一的共同点是，这些孩子与给予他们支持的父母、看护人或其他成年人之间保持着至少一种稳定、忠诚的关系，身边至少有一位支持鼓励他们的父母、看护人或其他成人。这种关系能针对孩子的个人需要做出及时响应、给予支持、提供保护，从而减少孩子发展过程中受到的干扰。”

要想保持稳定的安全依恋，很重要的一点是儿童、青少年能与被依恋对象长期稳定、愉快地一起生活。父母如果不是孩子的早期养护人，那么从亲子重聚的时刻起一直到孩子成年，应投入尽可能多的时间给予孩子高质量陪伴，其间不要再次出现亲子分离。

给父母的建议

面对已经发生的分离，重新团聚后，我们有很多工作要做。

1. 应对好分离焦虑

尝试用下面 16 个字来应对孩子的分离焦虑：建立信任、预告分离、鼓励独立、积极体验。

这套方法是斯坦福儿童研究中心送给父母的建议。如果孩子早期经历过分离，我们要格外重视新的分离，哪怕只是短期分离，也要做好应对。

外出期间保持陪伴。父母外出期间，每天要留出 40 分钟以上屏幕陪伴时间，这样有助于减轻孩子的分离焦虑。

2. 坚持高质量陪伴

陪伴补偿很有必要，父母要尽可能弥补早期陪伴不足造成的影响。高质量陪伴就是一心一意地跟随孩子的引导、满足孩子的需要、积极回应孩子。用肢体语言表达爱意，每天给孩子爱的抱抱。用积极语言肯定孩子，加强亲子关系的联结。

3. 在孩子成年前不制造新的分离，避免送孩子独自外出求学

即便是早期安全感基础好的孩子，在 15 岁以前，父母也不要让孩子独自外出求学。初中阶段的孩子依然很需要父母的关心和陪伴。如果前期亲子关系有空缺，那么在孩子成年之前都不要把孩子送出去（包括本地住校，这些孩子较难适应）。那些疑心宿舍闹鬼、被人暗中盯看、被某物尾随的情况虽然通常都是假性幻觉，传递出的却是孩子实实在在的情绪重压。孩子中学走读的家庭，在孩子青春期时，父母还有一次弥补机会。如果父母补养得好，孩子有较大可能顺利走过青少年阶段；如果补养得不好，心理问题可能或早或晚都会爆发，尤其是在不同学期、学年、学段交接期间，这种情况在大学生中间也时有发生。

4. 重视孩子的安全感培养

结合埃里克森的心理社会理论，我尝试设计了 6 ~ 18 岁安全感培养框架（见下图）。

家庭关系是孩子安全感培养的根基，包括夫妻关系、亲子关系、同胞关系、隔代关系以及孩子的依恋关系（可能与其他关系重合）等。好的家庭关系能滋养孩子的身心成长。6 ~ 10 岁，强调家人对孩子的帮助，发展孩子的责任意识；10 ~ 18 岁，强调家人与孩子的关系应保持平等、尊重、欣赏，帮孩子建立责任。“其他”一项，6 ~ 10 岁，要学会哀伤处理、学习能力和成就感培养、媒介接触可控等；10 ~ 18 岁，要学会哀伤处理、对事情的解释风格、学习效能感和情绪的相对稳定感等。

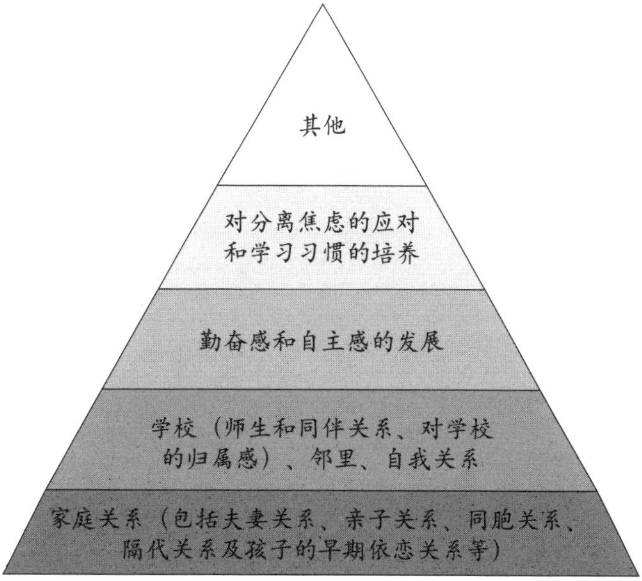

6 ~ 10 岁儿童安全感培养参考框架

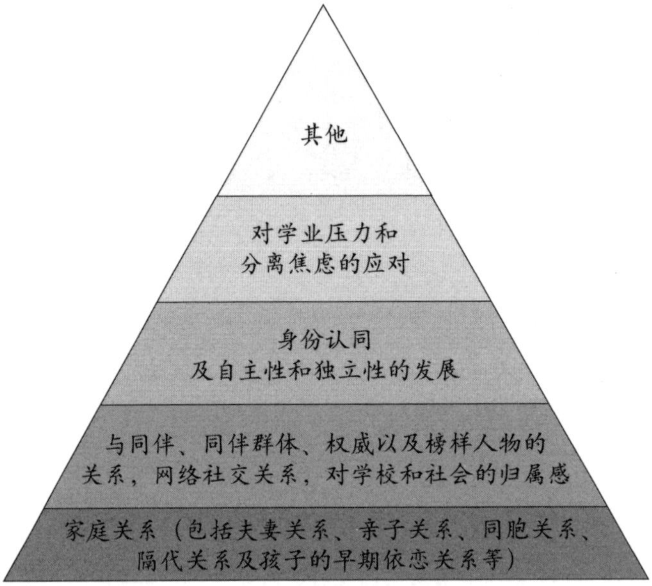

10 ~ 18 岁青少年安全感培养参考框架

“如果家里有人陪伴，我可以不玩手机”

——孩子沉迷网络背后的关系需求

> 亲子互动 - 需求满足理论模型要求从青少年网络成瘾的动态过程来理解其成瘾机制，强调个体和环境互动过程中亲子互动和内在需求之间的交互作用。青少年时期，与父母的互动对个体的心理需求满足有着至关重要的作用，不良的互动模式会导致青少年的需求满足缺失，并增加其网络成瘾的风险；而网络成瘾者中网络在需求满足上的优势也会降低亲子间的互动频率和互动质量。对亲子互动进行干预会增加网络成瘾者的现实满足程度，从而减少网络满足优势，降低网络的吸引力。
>
> ——刘勤学《青少年网络成瘾与家庭团体治疗》

《国际疾病分类》第十一次修订本（ICD-11）中，将网络游戏成瘾列为一种精神疾病，表现为过度使用互联网后导致较明显的学业、职业和社会功能的损伤。游戏成瘾是网络成瘾的主要类型，游戏的挑战设置很可能会使玩家产生高于现实生活中的成就感和自尊感，比如战胜对手的满足感，并借此以象征方式宣泄潜在的攻击、愤怒、仇恨的情绪，为情绪调节提供了有吸引力的出口。这些满足需求的“贴心”设计给青少年的成长带来空前诱惑。此外，网络上各种社交应用也能满足孩子们放松心情和获得陪伴的需要。有的孩子喜欢看小视频，遇到和自己心情相合的视频会刷个不停，颇有一种“相见恨晚”的感觉。多次发生这样的循环，孩子便可能逐渐无法自拔。

越来越多的父母会诉说自己家的孩子爱玩电子产品。目前面向学生的一些心理测评中即包括对电子产品成瘾风险的评估。多数孩子对电子产品的依赖尚未达到成瘾的程度，但很多父母已感受到了网络原住民的潜在成长危机。

本篇开头的引文介绍了青少年和网络相关的心理需求的研究发现，这些心理需求包括自主需求、娱乐需求、交往需求、成就需求、影响需求、认同需求、表达需求以及信息需求。青少年尤其看重独立自主和获得他人认可的需要。

我们在媒体上不时会看到青少年和父母因为上网而发生冲突的故事。下文中香蕉和小山的故事就来自其中。

“我需要爸爸妈妈的陪伴”——亲子互动需求

最初，不少孩子玩电子产品是由于缺少陪伴，选择的是电子产品的陪伴属性；这种状态持续一段时间后，会从填补陪伴空缺变成日渐依赖，这样又容易导致学业挫败，继而发展成为网瘾少年。可以说，每个网瘾少年都有一部心酸和心灵孤单史。

缺少陪伴的孩子心里没有着落。有的孩子，父母虽在身边，但早出晚归，一周也见不了两面。有的孩子，父母给的陪伴不是自己想要的，这样的陪伴无法带给孩子内心的满足。有的孩子，父母一方长期出差或在外地工作，留在身边的另一方父母焦虑缠身，无法松弛。这些孩子属于孤独易感人群，内心渴望陪伴。更别提那些父母根本不在身边的孩子。农村留守儿童沉迷网络的情况可能比城市更加严重。

长期缺少父亲陪伴的男孩，如果母亲情感支持不足，哪怕母亲能给予一定支持，到了10岁左右，就会容易开始沉迷网络。究其原因，父亲带来的疏远感和孤立感给重启自我探索的男孩一个沉重打击。游戏和短视频的设计充分照顾到人们的大脑对自主感和成就感的需要，对于那些生活中充斥着孤单感、无力感和自卑感的孩子来说，这是生活中不曾有过的美妙体验。

不能提供陪伴的父母情况多样，其中有一种情况是父母难以控制自己不玩手机。比如有的孩子说妈妈解压的方式是连续刷两小时手机且不能被打断，但妈妈不允许孩子玩，每次都把平板藏到意想不到的地方。在爱玩游戏的父母身边，孩子又会是什么状态呢?

女孩香蕉喜欢玩游戏，每晚玩一小时仍停不下来，妈妈的劝说无效，直到被怒斥后才能放下手机。第二天上课，香蕉的注意力无法集中，游戏内容在脑中不停闪回。香蕉尝试过卸载游戏，但只能坚持几天。在家里，香蕉有时会和父母发生冲突，容易情绪激动。妈妈爱打游戏，香蕉无人陪伴，慢慢也爱上打游戏。香蕉曾和妈妈商量，希望能一起卸载游戏，但被妈妈拒绝了。由于缺少积极陪伴，香蕉只能继续依赖游戏获得满足感。

孩子等待的是邀请和陪伴，父亲的回答是不可能。一个孩子说："这两天我不能玩游戏，只能看爸爸玩。爸爸告诉我，玩游戏会玩物丧志。”另一个孩子说：“爸爸玩游戏通关了，却不让我玩。他说玩游戏的事你就别想了。我希望能和爸爸一起玩。”往后展望，等到孩子成年，这两对父子在一起的场景，差不多就是各玩各的手机吧。

孩子们会想玩电子产品，主要是被下面这些情绪所支配的。

孤单失落：无人陪伴或无人理解自己，或者家人虽在身边但拒绝陪伴自己。

压抑：父母过度控制，发生不开心的事无人能言说，没有释放空间。

无聊：无事可做，又没人陪伴。

委屈：被父母冤枉、打击，付出努力却没有满足家人期望。

紧张兴奋：担心某件不好的事会发生，或者即将面临挑战。

难受：事情进展不太顺利，又未得到支持。比如有些孩子在家长不满意成绩并批评自己，或者作业不会写、学习兴趣不足时最想使用电子产品消化情绪。

劳累：学习劳累或完成功课需要休息的时候，如果无人陪伴，希望用电子产品陪伴自己和放松身心。

好奇：希望在网络上了解新鲜的知识和信息。

很多家庭正在做各种积极尝试。比如增加或保证高质量陪伴孩子的时间，即便是青春期的孩子，也需要良好的亲子互动。这是最重要的尝试。有了支持和信任关系，就为孩子生活回归正轨提供了基础。有的孩子会怨恨父母不遵守玩游戏的约定，随意取消，说话不算数，并因此感到愤怒。在约定规则之前，父母应该先想清楚。如果发现约定有问题，也可以重新约定，在孩子认同新规则后再执行。电子产品在青少年模式和使用时间设置方面很方便，在可控的范围内，也要给孩子一定的控制感，尤其是对待处于青春期的子女。

“我要加入同学的游戏活动”——交往需求

小鹿在班里没有固定朋友，感到有些孤单。一次偶然的机会，同学在放学的路上邀请他一起玩游戏。小鹿很高兴，立即答应了。仅仅玩了一次后，他已体会到和同学关系发生的明显变化。他们不仅在游戏中并肩战斗，也在课间有了共同谈论的话题。有时预备铃已经响了，两个人还在热烈讨论。很快，彼此都将对方视为好朋友——有了玩游戏这个共同兴趣，友谊也有了依托。

像小鹿这样人际关系一般的男孩，往往对同伴关系需求强烈，期待通过游戏活动拉近关系。这个愿望在游戏活动中得以实现，这会反过来加深孩子对游戏的依赖。这样的男孩不在少数。对于这些孩子来说，只要能和想交往的同学成为朋友，任何努力都值得，都好过孤单一人，更何况游戏为他们打开了一扇新的窗户。女孩们也有这样的体验。比如两三个女孩玩网络游戏，一起闯关，一起分享成功的乐趣。有的女孩是被剧情吸引，比如每个机关都会有意想不到的情景出现，玩的时候大家相互挨着，等待一起受刺激和惊吓。这些共同经历也会加深女孩同伴间的信任和依赖。

有的孩子因为父母不允许加入游戏群，往往会觉得自己在同学面前没面子，甚至因此无法加入课间聊天，并在主观上体验到一种被孤立的感觉。

“我要继续闯关”——成就感和认同需求

父母离婚后，小山随父亲一起生活。爸爸脾气暴躁，在家常骂小山，对小山失去了信心；妈妈对小山也是不管不问。成绩方面，小山常常在达标和待达标之间挣扎。课堂上，小山纪律不好，说话随意，经常被老师提醒。小山有一种深深的挫败感，逐渐沉迷游戏，并在其中找到了一些成就感和认同感。小山上学虽然很少请假，但听课愈发难以集中注意力；上课调皮的时候倒是变少了，原因是熬夜打游戏很辛苦，白天精力不足。他有时趴在桌子上，还在回味闯关成功的喜悦，认为自己或许是个游戏天才，只是学习成绩不好罢了。再遇到爸爸发脾气，小山竟敢丢出一句“我要继续闯关”。

葡萄和父母对学习都很用心，但葡萄的成绩一直没什么起色，父母的耐心也处于崩溃边缘。葡萄感觉自己已使出全力，情况好的时候，也仅能达到良好。为此葡萄心里十分愧疚，对学习、对自己都感到很灰心。在一次同学生日聚会上，葡萄偶然加入了同学游戏小组，一学期下来，已有些沉迷。其他孩子也有类似感受，成绩没进步、作业不会写或学习无兴趣时最想玩游戏，通过玩游戏能得到一些安慰和认可。

学业挫败而又无人理解，确实容易积累攻击、愤怒和怨恨，需要释放和转移压力，在其他方面寻找补偿。在这种情况下，沾上网瘾几乎没有悬念。学业挫败又会导致父母出现更多、更激烈的消极情绪，亲子双方都需要付出更多努力才能缓解彼此的关系。

网络成瘾的青少年对于“我是谁”和“我将成为怎样的自己”这样的问题往往有着更深的迷惑和内耗。在网络世界里，孩子们可以隐藏自己的失败和不完美，以理想甚至多个理想自我形象出现并与陌生网友互动，有时可能会有一种达到理想境界的梦幻感。除此之外，孩子们还可以体验各种生活和行为方式，补偿现实中的局限和遗憾。

在这个时代，未成年人和我们一样，离不开网络。如果孩子有一定的自控力，比如可以正常学习、交往和生活，父母就不要给孩子贴消极标签。亲子可以一起探索使用网络解决问题，引导孩子积极使用网络，将使用网络引向主动学习。

父母一旦觉察到孩子沉迷网络，应迅速做出应对。改善亲子关系是第一步。有了这个前提，孩子才可能愿意接受父母的建议和帮助。此外，父母还应该尊重孩子的自主性，和孩子共同商量，达成以孩子为主的行动方案，陪伴孩子见证克服挑战的全过程，并随时准备给予积极反馈。

“我要等爸妈和好 1 小时后才能心情好转”

——争吵声中的破碎心灵

对于孩子来说，稳定的家庭生活和生机盎然的日常景象，是父母之间的关系与世界的象征物，反过来却并非如此：离开了父母彼此之间的关系，便很难找到房子和街道的象征意义了。

——唐纳德·W. 温尼科特《温尼科特写给家长的话》

孩子对父母争吵的担忧和恐惧

父母之间的冲突会直接传导给孩子，变成孩子的内心冲突。孩子对父母吵架提心吊胆又惊恐万分。有时即使父母不在眼前，也无法安心。作为父母冲突的旁观者，孩子无法得到及时的关心和安慰，不良情绪只能自己消化。独自消化不良情绪对于孩子来说不但困难，还很容易发生偏差，比如将父母争吵归结为自己不好、不可爱。

我们来看几个例子。

小 K 的烦恼

小 K 的父母每隔几周就会吵一次架。父母吵架的晚上，小 K 总感到心神不宁、入睡困难，还会做噩梦。小 K 说自己的心情要等爸爸妈妈和好 1 小时后才能好转。小 K 特别不希望父母吵架，如果父母吵架，小 K 希望他们能在睡觉前和好，而不是等到第二天，这样自己应该就不必做噩梦了。小 K 还担心吵架会影响爸爸妈妈的身体健康，担心会失去健康的父母。

小 M 的烦恼

小 M 的父母经常吵架。小 M 很担心父母吵架时会发生不好的事，担心爸爸妈妈会离婚，在学校也经常担心。妈妈有时会哭，有时会砸东西。家里有很多易碎物，小 M 在学校还会担心妈妈受伤。

小 N 的烦恼

小 N 最担心的是父母吵架时会提到自己。每次父母吵架，小 N 都想钻到桌子底下，都要等父母吵完安静 10 分钟后才敢松口气。如果父母吵架中提到自己，小 N 就会心跳加快、全身发抖，担心自己又犯了大错。小 N 一想到父母吵架就会感到难过，还要在学校假装快乐。好朋友说自己的爸爸妈妈不吵架，小 N 听了很羡慕，好希望也能有心平气和的爸爸妈妈陪伴自己。

小 P 的烦恼

每次爸爸妈妈吵架后，还会和小 P 生气。尤其是妈妈，和爸爸吵完后对小P很凶，会把对小P的不满意全部说一遍，甚至还表达过想要离开家的想法。小P因此怀疑父母不爱自己了，妈妈想要抛弃自己。

父母争吵的时候，不太容易注意到在一旁瑟瑟发抖、满眼无助的孩子，也不会考虑说的话是不是适合孩子听。多数身处争吵现场的孩子，身心仿佛都僵住了。不过有些孩子仍被无辜卷入父母的激烈情绪中，再现了情绪的踢猫效应——父母生气后，再拿孩子撒气。

塞利格曼在《活出最乐观的自己》中写道:“我们的研究显示，父母吵架或分居会显著增加孩子抑郁的可能性，进而导致孩子在学校里的问题增加，孩子的解释风格也会变得更悲观。学校里的问题加上新出现的悲观心理使他陷入抑郁状态，恶性循环就此开始。”西格蒙德·弗洛伊德认为父母之间争吵以及父母婚姻不幸福会导致孩子出现性发展障碍或神经性疾病。

孩子卷入父母的争吵

面对父母吵架，孩子内心很恐慌。相比和父母直接发生冲突，被卷入父母的冲突有时会让孩子更加被动、焦虑。我们来体会一下孩子们的心情。

“爸爸妈妈吵架时，妈妈会生气地骂我。如果爸爸一直支持我，妈妈就会重新和爸爸吵，吵得我不能睡觉，所以我也不敢叫爸爸帮忙了。”

孩子急于结束父母之间的冲突。有的孩子会做些冒险尝试——为父母劝架，大部分情况当然是无功而返。比如有的孩子多次尝试拦架失败，认为是自己太瘦小才会这样。孩子们不仅要面对内心的恐惧不安，还要面对自己的疑惑和失望。

“爸爸妈妈吵架的时候我很着急，也很担心，想拉架又总被他们拒绝，他们要求我回房间。爸爸妈妈吵架后谁都不理我，我感觉自己被忽视了。”

“爸爸脾气大，妈妈也会发脾气。以前他们经常吵架。他们吵架时我很想劝架，但他们会说‘小孩子懂什么’。我没法帮助和保护妈妈，每次都很着急，觉得自己一点儿用也没有。”

有的孩子偶尔会劝架成功。不过很快他们就会发现只是偶然劝架成功，会对自己的作用逐渐失去信心。

父母争吵对孩子的影响

爸爸和妈妈吵架时／爸爸的话／变成了一根根的刺／伤着妈妈的心

妈妈的话／也变成一根根的针／伤着爸爸的心

没有人知道／爸爸的刺和妈妈的针／一同伤着我们的心

这是当代诗人杜荣琛的诗，名字叫作《受伤的心》。这首诗形象地传达出孩子们的心情，得到了他们的认同。

首先，父母争吵对孩子的情绪有明显的消极影响，而且消极情绪随时随地都有可能出现。对于孩子们来说，情绪的影响还很容易泛化到日常学习、生活和交往中。比如有的孩子看到班里某个同学（往往是异性同学）生气的样子很像吵架时的爸爸妈妈，虽然这些同学生气并非针对自己，但他还是会感觉不舒服，会想到自己的父母。

其次，父母争吵会影响自身在孩子心目中的形象和认同感。孩子无法将父母理想化，对儿童人格发展有不利影响。父亲可能会失去儿子对自己的认同，其他组合也有这个可能，比如父亲和女儿，或者妈妈和儿子，但同性别亲子之间的认同丧失有独特影响。小 Q 的父母吵架时爸爸会让着妈妈，妈妈又教育小 Q 是男子汉，要学会反抗。在小 Q 心目中，爸爸是大男子汉，应该反抗妈妈，哪怕一次也行，可爸爸总是忍着。每次父母吵架，小 Q 总是担心爸爸又会像以前那样，默默承受一切。有的女孩则会担心妈妈在争吵中让步，觉得妈妈这样做很不容易，并且不能理解为什么爸爸一定要吵赢妈妈。获得认同也有这个倾向——通常情况下，同性别的亲子之间认同更多。比如有的女孩这样说："爸爸和妈妈吵架，妈妈不会示弱。她做得很棒，我也想像妈妈那样，如果有男生对我发脾气，我就反击。"这些母亲在夫妻争吵中的表现获得了女儿的认同。我们不妨想象一下，等到这些男孩和女孩长大，他们将会怎样应对生活中的争吵。

再次，父母争吵可能导致孩子未来发展受阻。温尼科特在《孩子、家庭与人世间》里说过："孩子对父母之间的关系非常敏感，如果父母之间相处融洽，孩子也成长顺利的话，孩子会是第一个欣赏这一事实的人，而且这一事实会让孩子发现生活更容易，孩子也会以更满足和更容易被照料的方式来表达这种欣赏。"反过来，在争吵环境中长大的孩子，将来可能会更加叛逆，以更加回避和焦虑的方式去面对挑战和亲密关系的选择。

最后，孩子渴望没有争吵声的陪伴。有时孩子们会在写作业的时候想象这样的美景，有时会在作文和小诗里抒发这种期待。在孩子们的成长中，父母争吵如同一片无法驱散的阴影，始终跟随着自己，令自己的心情总是忽明忽暗。

给父母的建议

父母争吵不应当着孩子的面。如果没法避开孩子，争吵应就事论事，不要将孩子卷入冲突——不要求孩子站队和表态，不征求孩子对配偶行为的评价，争吵内容不涉及孩子。

塞利格曼在《教出乐观的孩子》中针对父母冲突给出注意事项，部分摘录如下。

- 不要强迫孩子在父母之间做出喜欢谁的选择。
- 不要在孩子面前争吵，除非你打算在争吵中结束争吵。
- 尽量控制气愤，放慢脚步，花些时间使自己冷静下来。
- 在孩子面前解决冲突并且和好，这样会使孩子了解冲突是爱情中自然的部分，并且是可以解决的。
- 如果在孩子面前批评配偶，请用批评特定行为的言语而不用总括性、个人性的言语。例如：“当你爸爸工作很忙时，他就会这样发脾气”“当你妈妈花这么多时间时，我就会生气”。
- 不要将孩子扯进某些话题。与配偶约好，争吵时，有些争吵内容不要让孩子知道。

“想念爸爸的拥抱”

——高差旅父母如何弥补陪伴缺失

分离，尤其是长期的或是重复性的分离，有着双重效应。一方面引起了愤怒的情绪，另一方面减弱了爱。因此愤怒不满的行为会使个体和依恋对象之间疏离，还会改变双方在依恋之中的情绪平衡。在体会到强烈感情的情况之中，比如由充满爱意的家长养大的孩子，只是偶尔会表现出“强烈的不满”，而在焦虑、不确定的环境中成长的个体就会发展出一种很深的怨恨。

——约翰·鲍尔比“依恋三部曲”

有一天，我和闺密读六年级的儿子聊天。他告诉我一件事，班里一个好朋友在他面前哭过，跟他说：“我的爸爸妈妈很忙，我很孤独。”那一刻，一个觉得自己被抛弃的男孩形象出现在我脑海。那个男孩的父母并不常出差，只是一天到晚忙于工作，无暇顾及孩子。如果孩子面对的是高差旅父母，心情又会如何？

有一次，我给低年级学生上情绪主题课。孩子们在情绪转盘里选词，然后用自己的故事表达感受。关于高兴和难过，班里有 4 个孩子都提到父母出差。“爸爸出差，我感到很难过。”“爸爸明天回来，我感到很高兴。他回来就会抱抱我，我好想念爸爸的拥抱。我不想让爸爸再出差了。”一个女孩选的词是“兴奋”。她说：“妈妈要出差，我感到很兴奋，终于不用再听她的唠叨了。”

在家庭中，如果高差旅一方和孩子的依恋关系好，那么出差对孩子的影响和压力就会比较大。尤其是如果留在身边的一方脾气不大好，孩子就会感到孤立无援。如果父母中的一方高差旅，另一方应反复给孩子构建高差旅一方的工作意义、对孩子的爱和肯定，高差旅的一方也应该主动这样做，避免孩子将父母离开归结为自己不够可爱。

现实生活中，高差旅的父母由于在家时间相对紧张，有时对待孩子难以放松。他们容易将有限的时间聚焦在孩子的学习、成长方面，难以顾及孩子的情感需求，甚至会和孩子在学习方面发生争执。这样一来，父母回家的体验就变差了，长时间如此，孩子可能就会抗拒父母回家。

高差旅的可能情形

父母一方高差旅的情况在城市里比较多见。在有的家庭，父母双方都经常出差。农村也大体如此，不少孩子的成长情况更严峻——父母双方都外出工作，一年只能回家几次。不得不说，这是一个亲子高分离的时代，家长外出工作和孩子太早离家都不鲜见。

还有一种情况是父母本身并未出差，但也与孩子分离，比如全家生活在同一个城市，父母通勤距离较远，从而出现了亲子分离。在北京，假如爸爸在海淀区工作，妈妈在房山区工作，平时孩子跟随一方居住的可能性就会增加；还有的家庭是老人带孩子一起生活，周末爸爸妈妈回来团聚；父母在双城工作的家庭也有一定比例。还有的家庭考虑到户籍对孩子升学的影响，会在小学高段或初中阶段把孩子送回户籍地读书，父母一方或双方继续留在工作地。

父母如果小时候经历过亲子分离，潜意识里会既害怕又希望分离，可能会争取差旅机会而和子女分离。

高差旅爸爸

如果爸爸频繁出差的情况发生在孩子6岁以前，那么孩子对爸爸的疑惑（比如爸爸是不是不喜欢我）或者分离焦虑会带到日后成长中。本阶段多数情况下，爸爸频繁出差好过妈妈高频出差，但对孩子情绪的消极影响仍客观存在。另一方面，当爸爸经常出差时，妈妈因为要独自处理工作和带孩子的事务，情绪就不容易放松，对孩子的要求也会偏高，容易耐心不足。这也是高频出差的一方带给孩子的间接影响。总体来看，爸爸长期出差对孩子的不利影响并未得到家庭普遍重视，爸爸本人对自己的重要性也缺乏信心。

有一种情况是爸爸创造条件长期出差。除了前面提到的童年亲子分离经历，还有其他一些可能，比如，妈妈控制欲强或脾气暴躁，与长辈一起生活长辈又比较强势，这些情况下比较容易出现高差旅的爸爸。也就是说，有些爸爸为回避和配偶的冷淡关系或相处压力，或为回避老人（尤其是岳父母），创造了高频率或长期出差的机会。孩子较难理解这些情况，面对和爸爸的分离焦虑难以修复，可能会出现对爸爸的情感隔离。

《不稳定的自尊》一书谈到，如果女儿觉察到父亲的退缩，她就会竭力去讨他欢心，尤其试图通过成绩和外表吸引力来取悦他，与父亲的这种关系模式是女性一生寻求得到男性认同的基础。女性缺乏自我意识和满足感，绝大部分也是由被父亲拒绝引起的。长期出差较少联络对于孩子来说就意味着退缩或拒绝。

我在工作中观察到儿子对父亲的分离焦虑，尤其是从小学四年级开始，这方面的影响加重了。焦虑加剧的一个可能原因是爸爸未对差旅生活做出持续的适合的解释，也没有持续表达对孩子的爱和肯定。对于男孩来说，走入青春期的门槛后，尤其需要爸爸的陪伴和认可。父亲陪伴的缺失甚至会导致男孩自暴自弃。我给家长的建议是，爸爸要每天或至少每周三次在固定时间以视频联络的方式陪伴孩子。

高差旅妈妈

高差旅妈妈中，有些妈妈会在孩子幼年阶段主动做出调整，比如申请减少出差或调整工作岗位。也有很多妈妈无法做出调整，比如艺人、企业家以及其他职场人士，都是高差旅妈妈。对大多数人而言，不管是男性还是女性，平衡工作和家庭都不是一件容易的事。

高差旅妈妈想要体验亲密的亲子关系往往会面临一些困难，孩子和妈妈建立依恋关系的互动不足，情感隔阂在所难免。

农村留守儿童童年缺少母爱的情况比较多见。在农村，人口流动性非常高，外出工作的妈妈很多，父母同时外出工作的情况也比较常见，孩子承受的亲子分离更沉重。有一次，我和一位安徽大姐聊天，她说的情况令我惊讶。她的婆婆有4个儿子和9个孙子、孙女，儿子儿媳都在外打工，这9个小孩都曾是留守儿童。留守儿童缺乏安全感，还面临语言和社会情感等发展滞后、营养不足、代养人心理脆弱等挑战。

如果妈妈经常出差，爸爸也比较忙，父母就要给孩子找一位能带给孩子母爱的代养人。祖父母、外祖父母通常被认为是合适的代养人。这种安排应区分情况。如果妈妈和代养人、代养人和孩子的关系都好，代养人的教养方式有利于孩子成长，这样安排是可以的。如果代养人倾向于回避孩子的情感需要、溺爱或控制孩子，或者倾向于在孩子面前否定妈妈，父母就应该重新考虑。

害怕爸爸妈妈出差

害怕父母出差的孩子一般有以下这些心事。

想念父母。这是孩子们普遍有的一种情绪。一个男孩甚至说虽然害怕被爸爸打，但还是不希望爸爸经常出差，会想爸爸。

担心父母的安全。传染病流行期间，孩子们比较容易有这种担心。也有的孩子本身安全感就比较弱，会有些想象中的担心，比如有的孩子因为听说妈妈出差的地方有骗子而倍感焦虑。

担心自己在家将面临更多学业压力。“我不希望爸爸出门，那样妈妈会布置更多家庭作业，要求更高的考试成绩。”这种情况有一定代表性。妈妈一个人带孩子，很可能会对孩子提出更高的要求，情绪有时也难以控制。

担心自己变得孤单。孩子和父母关系好，就会在父母出差期间非常想念他们，不希望再次分开。有的孩子和父母一方的关系更亲密，在亲近一方出差期间感到孤单，因为家里没有人陪伴自己。如果父母出差过久，孩子难免会有抑郁情绪。

担心父母的关系发生变化。如果父母在孩子面前吵架时提到过分手、离婚，孩子就会格外害怕父母出差，会担心已变为现实。

盼望爸爸妈妈出差

盼望父母出差的孩子大多有些小心思，比如父母会带自己一起去，或者返回时会带些自己想要的礼物。多数情况下，这种盼望意味着孩子和出差家长相处有压力，比如被打骂，或被要求作业和考试不能出错，等等。有个孩子跟同学说:“我妈妈出差两天，我很高兴。爸爸做饭好吃，不会辅导语文和英语，也不要求看试卷。这是我的完美生活。”

这种盼望并非一开始就有，因为孩子并不愿意和父母分开。如果我们做得不够好，孩子的想法可能就会慢慢发生改变。比如有的父母经常和孩子吵架，到了四五年级，孩子会觉得分开能减少冲突，于是盼望家长能经常出差。

出差期间，有的父母仍通过视频继续和孩子争吵，争吵的内容和在家时大同小异，比如对孩子把简单的题做错而生气。但孩子在关上屏幕后感受不到妈妈还在生气，还能用让自己开心的方式排解。争吵后，有的家长会持续几天冷战，不再打视频电话，孩子也会感到更轻松一些。

有的家长出差前会请长辈如奶奶或姥姥临时过来照顾孩子。奶奶或姥姥主要满足温饱需要，还会给孩子用自己的手机，孩子感到很放松。体会到这种放松后，孩子有时也会盼望家长出差。

这些孩子对父母出差返回表现出一种矛盾心理。一方面是想念，父母的温情会在他们离家期间重新在孩子心头唤醒；另一方面，孩子也有担心。比如一个孩子说：“妈妈回来前，我的心情很差，害怕妈妈又会像平时一样骂我。”

给父母的建议

妈妈应尽量避免在孩子 3 岁前长时间出差；如果此时需要长时间出差，应把孩子带在身边。

出差前要向孩子预告分离和回归，鼓励孩子独立与身边人积极互动。

出差前解释出差原因和孩子无关。父母中在家的一方要对孩子肯定配偶出差的意义和对孩子的爱。如果孩子觉得自己不值得被爱，将来会非常恐惧分离和孤独。

有机会可以带孩子参观外出工作场所，让孩子了解父母出差期间的工作。

出差期间应保持相对固定的亲子视频联络。虽然孩子在 1 岁前后已获得客体永久性，他们相信爸爸妈妈不会因为出差而消失，但即便是一个小学二年级的孩子，也很难将对一张脸的记忆持续保存较长的时间。

孩子年龄越小，出差期间的亲子联络应该越频繁，联络的设置也要越稳定。修改设置（比如每天一次改为两天一次）要和孩子商量并得到确认，视频陪伴时间也应足够。如果孩子只有 8 岁，最好每天能在固定时间至少视频陪伴孩子 40 分钟。

视频陪伴时，家长首先要表达对孩子的爱和想念，给孩子需要的爱的确认。如果经常出差，视频内容可以随孩子的兴趣变化做些调整，跟上孩子的成长步伐；如果辅导作业，一定要平心静气，做不到就不要安排这项内容。和配偶的关怀联络也很必要，当孩子在场时要表达对配偶的关心，让孩子放心爸爸妈妈的关系。

保持出差小仪式。比如临行前写张爱的卡片，陪孩子了解出差日历；回家后拥抱孩子，送上带回来的当地小礼物。

回家后及时给予孩子充足陪伴。即使是小学高年级学生和中学生，也仍然渴望得到这种陪伴。

阅读方面，推荐迈克尔·J. 戴蒙德的《何以为父：影响彼此一生的父子关系》。

阅读体会

关于自己

关于孩子

后记 — Postface

这本书是我和中国妇女出版社的第三次合作。我感到十分幸运，作为一个不知名的作者，第一次投稿就被接受，这次仍能继续合作。我很感激这样的际遇，感谢出版社给我的机会。

我人生的另一个梦想是写诗。有时我也会带着孩子们写。孩子是天生的诗人，或者说是天生的艺术家。孩子们还有很多天分，比如他们对父母的需求和关系的感知。为孩子营造一个敞开心扉的环境对亲子关系乃至夫妻关系十分有益。

孩子们将会走向更加广阔的社会生活。他们是国家的未来，是每个家庭的未来。如果说我们的生命能留下什么美好印记，给孩子一个被满足的童年无疑是无比重要的。

感谢孩子们给予我美好时光。感谢我的儿女带给我新的成长。感谢我的父母让我拥有一个安全稳定的童年。感谢家人朋友们一直以来的支持和陪伴。

我愿继续追随孩子们的脚步。

参考书目

1. 约翰·鲍尔比.依恋三部曲：依恋、分离、丧失［M］.付琳等，译.北京：世界图书出版公司，2018.
2. 爱利克·埃里克森.身份认同与人格发展［M］.王东东，胡蘋，译.北京：世界图书出版公司，2021.
3. 唐纳德·W.温尼科特.妈妈的心灵课［M］.周彦希，译.北京：科学技术文献出版社，2022.
4. 唐纳德·温尼科特.温尼科特写给家长的话［M］.何异，谭露，译.北京：世界图书出版公司，2023.
5. 阿尔弗雷德·阿德勒.自卑与超越［M］.韩阳，译.北京：北京时代华文书局，2017.
6. 马丁·塞利格曼，卡伦·莱维奇，莉萨·杰科克斯.教出乐观的孩子：让孩子受用一生的幸福经典［M］.洪莉，译.杭州：浙江人民出版社，2013.
7. 岸见一郎，古贺史健.被讨厌的勇气："自我启发之父"阿德勒的哲学课［M］.渠海霞，译.北京：机械工业出版社，2017.
8. 欧文·D.亚隆.成为我自己：欧文·亚隆回忆录［M］.杨立华，郑世彦，译.北京：机械工业出版社，2019.
9. 克雷格·马尔金.失控的自尊：为何我们自卑又自恋［M］.赵逸奔，译.上海：上海交通大学出版社，2022.

10. 贝贝尔·瓦德茨基 . 不稳定的自尊：女性的自恋人格与自卑感 [M] . 陈国鹏，赵书荣，译 . 北京：中国友谊出版公司，2022.
11. 鲁道夫·德雷克斯，薇姬·索尔兹 . 孩子：挑战 [M] . 甄颖，译 . 成都：天地出版社，2020.
12. 奥利佛·詹姆斯 . 原生家庭生存指南：如何摆脱非正常家庭环境的影响 [M] . 康洁，译 . 南昌：江西人民出版社，2019.
13. 奥利佛·詹姆斯 . 天生非此：家是如何影响我们一生的 [M] . 贾萱，魏宁，译 . 南昌：江西人民出版社，2018.
14. 王晓艳 . 幸运的人一生被童年治愈 [M] . 北京：中国水利水电出版社，2020.
15. 戴安娜·帕帕拉，萨莉·奥尔兹，露丝·费尔德曼 . 发展心理学——从生命早期到青春期（第 10 版·上册）[M] . 李西营等，译 . 北京：人民邮电出版社，2013.
16. 菲利普·津巴多，罗伯特·约翰逊，薇薇安·麦卡恩 . 津巴多普通心理学（第 8 版）[M] . 傅小兰等，译 . 北京：人民邮电出版社，2022.
17. 乔希·西普 . 解码青春期 [M] . 长沙：湖南教育出版社，2019.
18. 盖伊·温奇博士 . 情绪急救 [M] . 孙璐，译 . 上海：上海社会科学院出版社，2015.
19. 唐纳德·温尼科特 . 家是我们开始的地方 [M] . 耿伟，韩萨日娜，译 . 南京：江苏凤凰文艺出版社，2023.
20. 泰勒·本·沙哈尔 . 幸福的要素 [M] . 倪子君，译 . 北京：中信出版集团，2022.
21. 马克斯·范梅南 . 教育的情调 [M] . 李树英，译 . 北京：教育科学出版社，2019.
22. 朱永新，艾伦·麦克法兰 . 教育的对白 [M] . 马啸等，译 . 武汉：长江文艺出版社，2020.
23. 阿尔弗雷德·阿德勒 . 儿童教育心理学 [M] . 刘丽，译 . 海口：南海出版公司，2015.
24. 阿尔弗雷德·阿德勒 . 儿童的人格教育 [M] . 田颖萍，译 . 西安：

陕西师范大学出版社，2021.

25. 迈克尔·J. 戴蒙德 . 何以为父：影响彼此一生的父子关系［M］. 孙平，译 . 北京：机械工业出版社，2024.

26. 徐凯文 . 徐凯文的心理创伤课：冲破内心的至暗时刻［M］. 北京：中国人民大学出版社，2021.

27. 曾奇峰 . 适度的防御：建立有滋养作用的人际关系［M］. 北京：北京联合出版公司，2022.

28. 曾奇峰 . 隐秘的人格：人格怎样决定命运［M］. 北京：北京联合出版公司，2022.

29. 张沛超 . 过好一个你说了不算的人生［M］. 广州：花城出版社，2020.

30. 托里·A. 克里德，贾罗德·赖斯韦伯，亚伦·T. 贝克 . 青春期心理问题认知疗法［M］. 王建平，余萌等，译 . 北京：人民邮电出版社 . 2023.

31. 丹尼尔·西格尔，玛丽·哈策尔 . 由内而外的教养：做好父母，从接纳自己开始［M］. 李昂，译 . 杭州：浙江人民出版社，2013.

32. 伯特·海灵格 . 谁在我家（升级版）：海灵格新家庭系列排列［M］. 张虹桥，译 . 北京：世界图书出版公司，2018.

33. 唐纳德·温尼科特 . 孩子、家庭与人世间［M］. 李仑，译 . 北京：世界图书出版有限公司，2023.

34. 梅兰妮·克莱因 . 爱、罪疚与修复［M］. 吕煦宗等，译 . 北京：九州出版社，2017.

35. 威廉·斯蒂克斯鲁德，奈德·约翰逊 . 自驱型成长：如何科学有效地培养孩子的自律［M］. 叶壮，译 . 北京：机械工业出版社，2020.

36. Gerald Corey. 心理咨询与治疗经典案例（第七版）［M］. 谭晨，译 . 北京：中国轻工业出版社，2010.

37. 马歇尔·卢登堡 . 非暴力沟通实践篇［M］. 梁欣琢，译 . 南京：江苏人民出版社，2014.